SİZDƏ YAŞAYAN MÜQƏDDƏS RUH

Allahın Padşahlığının zənginliyindən zövq almağımız üçün Müqəddəs Ruhu onun yeganə başçısı kimi tanımalıyıq.

DEREK PRİNS

T60AZE1k

Derek Prince Ministries
P.O. Box 19501
Charlotte, NC 28219
USA
www.derekprince.com

SİZDƏ YAŞAYAN MÜQƏDDƏS RUH
Derek Prins

Bakı 2017

ISBN: 978-1-78263-405-8

SİZDƏ YAŞAYAN

MÜQƏDDƏS RUH

Allahın Padşahlığının zənginliyindən zövq almağımız üçün Müqəddəs Ruhu onun yeganə başçısı kimi tanımalıyıq.

DEREK PRİNS

Mündəricat

1

Əllinci gündən əvvəl

Başqa heç bir yol ilə ala bilmədiyimiz biliyi Kəlam vasitəsilə qəbul edirik. Müqəddəs Kitabın ən vacib vəhylərindən biri Allahın təbiətinə aiddir. Müqəddəs Kitab başqa heç bir mənbədən əldə edə bilmədiyimiz sirri açır. Sirr ondan ibarətdir ki, Allah həm vahiddir, həm də bir şəxsdən çoxdur – üç şəxsdə olan vahid Allahdır. Müqəddəs Kitabda göstərilən üç şəxs Ata, Oğul və Müqəddəs Ruhdur. Bu kitab Müqəddəs Ruha həsr olunur.

Müqəddəs Kitabın ən dərin və xüsusi vəhylərindən biri Müqəddəs Ruhun şəxsiyyətinə və işinə aiddir. İlk növbədə biz başa düşməliyik ki, Ata və Oğul ayrı-ayrılıqda şəxslər olduğu kimi, Müqəddəs Ruh da Şəxsdir. İnsani təsəvvürlərimizə görə Ata Allahın və Oğul Allahın şəxs olmalarını başa düşmək bizə asandır, ancaq Müqəddəs Ruh Allahın şəxs olmasını başa düşmək bizə asan deyil.

Müqəddəs Ruh vasitəsilə Allah hər şeyi bilir; Allahdan gizli heç bir şey yoxdur; Müqəddəs Ruh vasitəsilə Allah eyni zamanda hər yerdədir. Bu xüsusiyyətlər Müqəddəs Kitabın müxtəlif hissələrində verilir. Məsələn, Yeremya 23:23-24-də Rəbb deyir:

23 *«Mən yalnız yaxında olan Allah deyiləm,*
həm də uzaqda olan Allaham.
24 *Kimsə gizli yerlərdə saxlana bilər ki,*
Mən onu görə bilməyim?»
Rəbb belə bəyan edir.
«Yeri, göyü Mən doldurmamışammı?»
Rəbb belə bəyan edir.

Yeri və göyü dolduran Allahdır. Allahın olmadığı bir yer yoxdur. Hadisələrin baş verdiyi elə bir yer yoxdur ki, Allahın ondan xəbəri olmasın. Zəbur 139:1-12-də çox gözəl deyilir:

1 *Ya Rəbb, məni yoxlayaraq tanıdın,*
2 *Oturuşumu-duruşumu Özün bilirsən,*
fikirlərimi uzaqdan duyursan.
3 *Getməyimə, yatmağıma nəzarət edirsən,*
nə yollardan keçdiyimi bilirsən.
4 *Sözlərimi dilə gətirməmişdən əvvəl, ya Rəbb,*
hamısını tamamilə bilirsən.
5 *Hər yandan məni əhatə etmisən,*
Öz əlini üzərimə qoymusan.
6 *Bu bilik əsrarəngizdir, məndən yüksəkdir,*
bunu dərk edə bilmərəm.
7 *Hara gedim ki, Ruhun orada olmasın?*
Hara qaçım ki, hüzurunda olmayım?
8 *Əgər göylərə çıxsam, Sən oradasan,*

ölülər diyarında yatsam, Sən oradasan.
⁹ *Qanad alıb gündoğana uçsam belə,*
   dənizi keçib günbatana qonsam belə,
¹⁰ *Sənin sağ əlin bələdçim olacaq,*
   sağ əlin məni qoruyacaq.
¹¹ *Desəm də: «Qoy zülmət məni bürüsün, işıq batsın,*
   ətrafım gecəyə dönsün»,
¹² *Sənin qarşında zülmət batar,*
   önündə gecə də gündüz kimi nur saçar.
Nurun, zülmətin Sənin üçün nə fərqi var?

Necə də gözəl təsvirdir! Allahın müdrikliyinin böyüklüyü çox gözəl təsvir olunur. Allahın hüzuru bütün kainatdadır. Allahdan heç bir yerdə gizlənə bilməzsiniz. Heç bir məsafə sizi Ondan uzaqlaşdırıb ayıra bilməz. Qaranlıq sizi Ondan gizlədə bilməz. Allah hər yerdədir, bütün kainatdadır. O, hər yerdə baş verən hər şeyi bilir. Bunun sirri yeddinci ayədə açılır: *«Hara gedim ki, Ruhun orada olmasın? Hara qaçım ki, hüzurunda olmayım?»* Bənd məzmunca eyni olan iki hissədən ibarətdir və bu, Yəhudi poeziyasının tipik nümunəsidir. Allahın bütün kainatda hüzurunu mümkün edən Onun Müqəddəs Ruhudur. Müqəddəs Ruh vasitəsilə Allah hər yerdədir; Müqəddəs Ruh vasitəsilə Allah kainatda istənilən vaxtda baş verən hər şeyi bilir.

Müqəddəs Ruh yaradılışdan belə, kainatda fəal olmuşdur. Zəbur müəllifi yaradılış haqqında deyir:

[6] Göylər Rəbbin sözü ilə, səma cisimləri Onun hökmü ilə yarandı. (Zəbur 33:6)

Allah bütün kainatı Öz Kəlamı və Öz Ruhu vasitəsilə yaratdı. Müqəddəs Kitabın əvvəlində Yaradılışı təsvir edən ayələrə nəzər salsaq, daha çox təfsilatlılığı aşkar edəcəyik:

[2] Yer quruluşsuz və boş idi. Dərin sular üzərində qaranlıq var idi. Allahın Ruhu suların üzərində dolaşırdı.
[3] Allah dedi: «Qoy işıq olsun». İşıq oldu.
(Yaradılış 1:2-3)

Allahın Ruhu quruluşsuz qaranlıqda, boşluqda dolaşırdı. Üçüncü ayə yazır: «*Allah dedi: «Qoy işıq olsun». İşıq oldu*». Burada yenə yaradılışda işləyən Allahın Ruhunu və Allahın Kəlamını görürük. Onlar birləşəndə yaradılış baş verir. Allahın Ruhu və Allahın Kəlamı yeni bir şeyi – işığı yaradır. İşıq Allahın Ruhu və Kəlam ilə yaranır. Görürsünüz ki, Müqəddəs Ruh yaradılışdan başlayaraq kainatda işləyir və kainatda hər yerdə həmişə var. Müəyyən mənada, Müqəddəs Ruh Allahın fəal, təsirli Şəxsidir.

Əhdi-Ətiqdə Müqəddəs Ruh Allahın bütün adamlarını ruhlandırırdı və onlara qüvvə verirdi. Bu adamların siyahısı həddindən çox uzundur, biz ancaq bir neçə nəfərə nəzər salacağıq.

Birincisi, Musanın dövründə Hüzur çadırını düzəldən Besaleldir. Rəbb deyir:

² *Bax Yəhuda qəbiləsindən Xur oğlu Uri oğlu Besaleli*
  adı ilə çağırıb,
³ *onu Allahın Ruhu ilə hikmət, dərrakə, bilik və hər cür*
  məharətlə doldurmuşam.   (Çıxış 31:2-3)

Allahın Ruhu Besaleli doldduraraq ona ecazkar yara-
dıcılıq qabiliyyətini vermişdi. Müqəddəs Kitaba görə,
o, Allahın Ruhu ilə dolan birinci adam idi. Nəticədə o,
ustalıq etdi və onun ustalığı çox dəyərli idi.

Qanunun Təkrarı 34:9-da Yeşua haqqında oxuyuruq:

⁹ *Nun oğlu Yeşua hikmət ruhu ilə dolmuşdu, çünki*
Musa onun üzərinə əllərini qoymuşdu. İsrail övladları
da ona qulaq asdılar və Rəbbin Musaya əmr etdiyi hər
şeyə əməl etdilər.

Yeşua vəd olunmuş torpağı fəth edən görkəmli hərbi
başçı idi, çünki o, Allahın Ruhu ilə dolmuşdu.

Hakimlər 6:34-də biz Gideon haqqında oxuyuruq:

³⁴ *Gideonun üzərinə Rəbbin Ruhu endi və o, şeypur ça-*
lıb Aviezerliləri öz yanına yığdı".

Rəbbin Ruhu Gideonun üzərinə endi və onu böyük
rəhbər etdi. Əvvəllər o, taxılı döyən, böyük işləri yerinə
yetirməyi bacarmayan cəsarətsiz cavan oğlan idi. Ancaq
Allahın Ruhu onun üzərinə enəndən sonra o dəyişdi.

Sonra biz böyük padşah və Zəbur Kitabının müəllifi
Davud haqqında oxuyuruq. Davud özü barədə deyir:

¹ Davudun son sözləri bunlardır: Yessey oğlu Davud deyir, Allahın ucaltdığı adam, Yaqubun Allahının məsh etdiyi, İsrailin sevimli Məzmur şairi belə söyləyir: ² Rəbbin Ruhu mənim vasitəmlə söylədi, Onun sözü dilimin ucundadır. (2 Şamuel 23:1-2).

Davud bizə bu gözəl Zəbur Kitabını verdi: "*Rəbbin Ruhu mənim vasitəmlə söylədi...*". Bir daha fikir verin ki, bu, Allahın Ruhu və Allahın Kəlamıdır.

2 Peter 1:21-də Peter bütün Əhdi-Ətiq peyğəmbərlərinin xidmətini xülasə edir:

²¹ Çünki heç vaxt peyğəmbərlik insan iradəsi ilə qaynaqlanmamışdır, lakin Müqəddəs Ruh tərəfindən yönəldilən insanlar Allahdan gələn sözləri söylədi.

Allahdan həqiqi vəhyi gətirən hər bir peyğəmbər öz təşəbbüsünü və ya öz düşündüyünü heç vaxt demirdi. O, Müqəddəs Ruhdan ilham alırdı və aparılırdı. Məhz buna görə onun söylədiyi sözlər daha insani sözlər deyildi. Bu, Allahın Özündən gələn sözlər olurdu.

Bu və bir çox başqa adamların nümunələrinə nəzər salanda belə nəticəyə gəlirik ki, Allaha məqbul və təsirli xidmət etmiş bütün Əhdi-Ətiq adamları bunu Müqəddəs Ruhun ilhamı və gücü ilə ediblər. Əlbəttə, bu, bizim üçün nümunədir. Əgər onlar Müqəddəs Ruh olmadan Allaha səmərəli xidmət edə bilməyiblərsə, onda biz də bunu edə bilmərik.

2

İsanın həyatında olan Müqəddəs Ruh

İndi biz İsanın xidməti və təlimində olan Müqəddəs Ruha nəzər salacağıq. Əvvəlcə İsanı təqdim etməyə, Onun xidməti üçün yol hazırlamağa gələn Vəftizçi Yəhya Onu "Müqəddəs Ruhla vəftiz edən" adlandırır:

> [11] *Mən sizi tövbəniz üçün su ilə vəftiz edirəm, amma məndən sonra Gələn məndən daha qüdrətlidir. Mən Onun çarıqlarını daşımağa belə, layiq deyiləm. O, sizi Müqəddəs Ruhla və odla vəftiz edəcək.*
>
> (Matta 3:11)

İsa və Ondan əvvəl gəlmiş bütün adamlar arasındakı fərqə fikir verin: «O, sizi Müqəddəs Ruhla və odla vəftiz edəcək». İsanın Müqəddəs Ruhla vəftiz etmə xidməti dörd Müjdənin dördündə də qeyd olunur. Müqəddəs Kitab buna xüsusi əhəmiyyət verir.

Biz həmçinin, görürük ki, İsanın bütün xidmətində qüvvənin yeganə mənbəyi Müqəddəs Ruh idi. Yəhyanın İordan çayında vəftizindən sonra Müqəddəs Ruh İsanın üzərinə endi. Müqəddəs Ruh Onun üzərinə enmazdən əvvəl O, nə vəz etmiş, nə də möcüzə göstərmişdi. O, Müqəddəs Ruhun gəlişini gözlədi.

Həvarilərin İşləri 10:38-də Peter Kornelinin evində yığışmış adamlara İsanın xidmətini belə təsvir edirdi:

[38] *Allah Nazaretli İsanı Müqəddəs Ruhla və qüdrətlə məsh etdi. İsa xeyirxahlıq edərək hər yanı gəzib iblisin təzyiqinə məruz qalanların hamısını sağaltdı. Çünki Allah Ona yar idi.*

İsanın yer üzündəki xidmətinin mənbəyi və gücü Müqəddəs Ruh idi. Yuxarıda dedik ki, vahid Allah Özünü üç Şəxsdə – Ata, Oğul və Müqəddəs Ruhda göstərmişdir. Bu ayədə üç şəxsin üçü də göstərilir. Ata Allah Müqəddəs Ruh ilə Oğul İsanı məsh edir. Allahın üç Şəxsinin insan səviyyəsində hərəkətinin nəticəsi şəfa oldu: *"İsa... iblisin təzyiqinə məruz qalanların hamısını sağaltdı"*. İsanın xidmətinin sirri və mənbəyi məhz budur.

Hətta diriləndən sonra belə, İsa yenə də Müqəddəs Ruhdan asılı idi. Bu diqqətəlayiq faktdır. Həvarilərin İşləri 1:1-2-də Luka yazır:

[1] *Ey Teofil, birinci yazılarım İsanın göyə qaldırıldığı günədək başladığı işlər və öyrətməyə başladığı tam təlim barəsindədir.* [2] *Göyə qaldırılmazdan əvvəl İsa seçdiyi həvarilərə Müqəddəs Ruh vasitəsilə əmrlər verdi.*

Luka dirilməsi ilə göyə qalxması arasında qırx gün ərzində İsanın xidməti haqqında danışır. O deyir ki, İsa həvarilərə Müqəddəs Ruh vasitəsilə əmrlər verirdi. İsanın Müqəddəs Ruhdan tam asılı olması bizim üçün nümunədir. İsa möcüzə və təlim üçün gücü Müqəddəs Ruhdan gözləyirdi; Müqəddəs Ruh olmadan İsa heç nə etmirdi. İsanın xidmətinə baxaraq, biz də öz xidmətimizdə Müqəddəs Ruhdan asılı olmağı öyrənməliyik.

İsa bütün xidməti boyu Müqəddəs Ruhun gücündə hərəkət etdi. Həmçinin, İsa şagirdlərinə Ona səlahiyyət verən və Onu ruhlandıran eyni Müqəddəs Ruhu qəbul edəcəklərini vəd etdi. Yəhya 7:37-39-da oxuyuruq:

37 Bayramın sonuncu, təntənəli günündə İsa qalxıb nida edərək dedi: «Kim susayıbsa, yanıma gəlib içsin. 38 Müqəddəs Yazılarda deyildiyi kimi, Mənə iman edənin daxilindən həyat suyu axan çaylar çıxacaq». 39 Bunu Ona iman edənlərin alacaqları Ruh barədə söylədi. Ruh isə hələ verilməmişdi, çünki İsa hələ izzətlənməmişdi.

Budur fövqəladə dramatik ziddiyyət. Əvvəl susuz adamdan danışır: «Kim susayıbsa…». Sonra həmin susamış və susuzluqdan əzab çəkən adam Müqəddəs Ruhu qəbul edəndən sonra onun «daxilindən həyat suyu axan çaylar çıxacaq». O artıq ehtiyacda deyil, Müqəddəs Ruh vasitəsilə təchizatın mənbəyidir. Hər imanlı üçün Müqəddəs Ruh qeyri-məhdud mənbədir.

Müjdənin müəllifi sonra aydınlaşdırır ki, bu vəd İsa-nın dünyadakı xidmətinin əvvəlində verildiyinə bax-mayaraq, İsa şöhrətləndirilməyənə qədər yerinə yetiril-məyəcək. O deyir: «Ruh isə hələ verilməmişdi, çünki İsa hələ izzətlənməmişdi».

Yəhya 14:15-18-də İsan şagirdlərinə dedi:

15 Əgər Məni sevirsinizsə, əmrlərimə riayət edəcəksi-niz. 16 Mən də Atadan xahiş edəcəyəm və O sizə başqa bir Vəsatətçi göndərəcək ki, daim sizinlə olsun. 17 O, həqiqət Ruhudur. Onu dünya qəbul edə bilməz, çünki Onu nə görür, nə də tanıyır. Sizsə Onu tanıyırsınız, çünki sizinlə qalır və daxilinizdə olacaq. 18 Sizi yetim qoymaram, yanınıza gələcəyəm.

Burada biz bir vacib məsələyə fikir verməliyik. Əv-vəl İsa deyir: «*Atadan xahiş edəcəyəm və O sizə başqa bir Vəsatətçi göndərəcək*». Burada «başqa» nə deməkdir? O deməkdir ki, İsa üç il yarım müddət ərzində Öz şagird-ləri ilə olmuşdu. Sonra isə O deyir: «*Sizi yetim qoyma-ram, yanınıza gələcəyəm*», yəni "Mən gedirəm, amma mən gedəndən sonra başqa Şəxs – Müqəddəs Ruh Mə-nim yerimə gələcək".

İkincisi, Müqəddəs Ruhu təsvir etmək üçün xüsusi «Vəsatətçi» sözündən istifadə edilir. Yunan dilində "*Pa-rakletos*"dur, mənası isə bunlardır: "Kömək etmək üçün yaxında olmağa çağırılmış", "Məsləhətçi" və "Yardım-çı".

Üçüncüsü, İsa davam edərək qeyd edir ki, Müqəddəs Ruh şagirdlərlə həmişəlik qalacaq. Yenə də, İsanın və Müqəddəs Ruhun şagirdlərə münasibətlərində fərq var. İsa əsasən deyir: «Mən qısa müddət – üç il yarım sizinlə olmuşam. Mən indi gedirəm və sizin ürəkləriniz kədərlənir. Köməksiz qalacağınızı hiss edirsiniz. Amma Mən sizə başqa köməkçini – Müqəddəs Ruhu göndərəcəyəm. O, sizi heç vaxt tərk etməyəcək, həmişəlik sizinlə olacaq». Sonra O deyir: «Sizi yetim qoymayacağam, yanınıza gələcəyəm». Məna odur ki, Müqəddəs Ruh olmasaydı, onlar yetim kimi qalacaqdılar; heç kim onların qeydinə qalmayacaqdı, onlara kömək etməyəcəkdi və ya öyrətməyəcəkdi. Ancaq Müqəddəs Ruh vasitəsilə onlar tam təmin olunurlar.

Daha sonra İsa yenə bu mövzuya qayıdır:

7 Mən sizə həqiqəti söyləyirəm: Mənim getməyim sizin xeyrinizədir. Çünki getməsəm, Vəsatətçi yanınıza gəlməz, amma getsəm, Onu sizə göndərəcəyəm
(Yəhya 16:7).

İsa gedir, ancaq Onun yerinə başqa Şəxs gəlir.

Yəhya 16:12-15-də İsa bir daha bu əhəmiyyətli mövzuya qayıdır:

12 Hələ sizə söylənəcək çoxlu sözüm var, amma indi bunların öhdəsindən gələ bilməzsiniz. 13 Lakin O – həqiqət Ruhu gələndə sizə hər həqiqətə yol göstərəcək. Çünki heç nəyi Özündən söyləməyəcək, nə eşidirsə, onu söyləyəcək və gələcəyi sizə bildirəcək. [14] *O, Məni izzətləndirəcək, çünki Mənim olandan götürüb sizə bildirəcək.* [15] *Atanın hər nəyi varsa, Mənimdir. Buna görə də "Mənim olandan götürüb sizə bildirəcək" söylədim.*

Bu vəd yerinə yetirildiyinə görə indi Müqəddəs Ruh Allahın yer üzündə şəxsi, daima yaşayan Nümayəndəsidir. O, Ata ilə Oğulun sözlərini bizə izah edir, açıqlayır və idarə edir. İsa deyir: «Mənim olandan götürüb sizə bildirəcək». Ancaq sonra İsa əlavə edir: «Buna görə də "Mənim olandan götürüb sizə bildirəcək" söylədim". Beləliklə, Ata ilə Oğulun hər nəyi varsa, Müqəddəs Ruh onları izah edir, açıqlayır və idarə edir.

3

Əllinci gündə nə baş verdi

Yadımıza salaq ki, Vəftizçi Yəhya İsanı Müqəddəs Ruh ilə vəftiz edən Şəxs kimi İsrail xalqına təqdim etdi. Bu, Onu fərqləndirən xüsusiyyət idi. İkincisi, Müqəddəs Ruh İsanın bütün xidməti və təlimi üçün qüvvə mənbəyi idi; İsa tamamilə Müqəddəs Ruhdan asılı idi. Üçüncüsü, İsa Öz şagirdlərinə vəd etdi ki, göylərə qayıdandan sonra onlara təsəlli vermək və ya onların yanında olub kömək etmək üçün O, Öz yerinə şəxsi nümayəndəsini – Müqəddəs Ruhu göndərəcək.

Biz indi İsanın verdiyi bu vədin yerinə yetməsinə nəzər salmaq istəyirik. Xüsusən, Əllinci Gündə Müqəddəs Ruh enəndə baş vermiş çox gözəl hadisələri tədqiq edəcəyik. Müqəddəs Kitabın digər vədlərinin əksəriyyəti kimi, Müqəddəs Ruha aid olan bu vəd bir hadisə zamanı tam yerinə yetmədi. Əslində, bu, mərhələlərdə yerinə yetirildi. Birinci mərhələ Pasxanın Birinci Günündə baş verdi. Bu, İsanın dirilmə günü idi. Yəhya 20:19-22-də oxuyuruq:

19 O gün – həftənin ilk günü axşam çağı Yəhudi başçı-

larından qorxduqları üçün şagirdlərin olduqları yerin qapıları bağlı olsa da, İsa içəri girdi. O ortada durub onlara «Sizə salam olsun!» dedi. ²⁰ Bunu söyləyib onlara əllərini və böyrünü göstərdi. Şagirdlər də Rəbbi görüb sevindilər. ²¹ İsa yenə onlara dedi: «Sizə salam olsun! Ata Məni göndərdiyi kimi Mən də sizi göndərirəm». ²² Bunu söylədikdən sonra onların üzərinə üfürərək dedi: «Müqəddəs Ruhu alın!»

İyirmi ikinci ayədə vacib bəyanat var. Yunan dilində "pneuma" sözü həm "ruh", həm də "nəfəs" və ya «külək» üçün istifadə olunur. İsa "onların üzərinə üfürərək dedi: "Müqəddəs Ruhu alın!"

Məncə, bu, Allahın satınalınma işində ən mühüm və həlledici mərhələlərdən biri idi. Bu həyəcanlı anda nə baş verdi? Əvvəlcə, o anda şagirdlər Əhdi-Cədid xilasına daxil oldular. Romalılara 10:9-da Paul xilasın əsas tələblərini müəyyən edir: "Əgər sən İsanın Rəbb olduğunu dilinlə iqrar edib Allahın Onu ölülər arasından diriltdiyinə ürəkdən inansan, xilas olacaqsan".

Yəhya 20:19-22-də şagirdlər ilk dəfə Allahın İsanı ölülərdən diriltdiyinə inandılar. Əhdi-Cəddiddə yazılana görə, şagirdlər o vaxta qədər xilas ola bilmirdilər. Həmin an, onlar İsanı özlərinin Rəbbi kimi etiraf edəndə və Allahın Onu ölülərdən diriltdiyinə inananda, onlar xilas oldular. Bu, Əhdi-Cədidin xilasıdır.

Baş vermiş ikinci hadisə o idi ki, şagirdlər yeniləndi

və ya yenidən doğuldular. Onlar yeni məxluq oldular. Hər biri Allahın nəfəsinin üfürməsi vasitəsilə köhnə məxluqdan keçib yeni məxluq oldular. Bunu başa düşmək üçün biz insanın yaradılmasının təsvirinə – Yaradılış 2:7-yə nəzər salmalıyıq:

7 Rəbb Allah yerin torpağından insanı düzəltdi və onun burnuna həyat nəfəsi üfürdü. Beləcə insan canlı varlıq oldu.

Allah torpaqdan götürdüyü gildən düzəldilmiş fiqura Həyatın Nəfəsini (və ya Müqəddəs Ruhu) üfürəndə insan birinci dəfə yaradıldı. Allahın üfürülmüş nəfəsi, Müqəddəs Ruh, gildən düzəldilmiş o fiquru canlı insana çevirdi.

Lakin Yəhyanın Müjdəsindəki ayələr yeni məxluq barədə danışır. Bunu 2 Korinflilərə 5:17-də Paul da təsvir edir: "Kim Məsihdədirsə, yeni yaradılışdır". Birinci yaradılışla yeni yaradılış arasında birbaşa əlaqə var.

Yeni yaradılışda İsa ölülərdən dirilmiş Rəbb və Xilaskardır, günaha, ölümə, cəhənnəmə və İblisə qalib gəlir. Bunu etdikdən sonra O, şagirdlərinin yanına gəlir və ölümdən dirilmiş həyatın nəfəsini onlara üfürür. Bu, şərin, ölümün və günahın bütün qüvvələri üzərində qələbə çalmış yeni növ həyat idi. Bu təcrübədən sonra İsadan qəbul etdikləri ölümdən dirilmiş həyatın nəfəsi sayəsində şagirdlər köhnə qaydanı tərk edib Əhdi-Cədidin xilasını, Məsihdə yeni məxluqu qəbul etdilər.

Buna baxmayaraq, hətta Pasxanın Birinci Günündə yaşadıqları təcrübədən sonra Müqəddəs Ruha aid vədin tam yerinə yetirilmədiyini başa düşmək vacibdir.

Ölülərdən dirilmiş İsa şagirdlərinə deyir:

⁴⁹ *Budur, Mən Öz Atamın vəd etdiyini sizə göndərəcəyəm. Sizsə ucalardan gələn qüdrətə bürünənədək bu şəhərdə qalın.* (Luka 24:49)

Daha sonra, göylərə yüksəlməsinə az müddət qalmış, ölülərdən dirilməsindən təxminən qırx gün sonra İsa onlara açıq-aşkar dedi:

⁵ *Belə ki Yəhya su ilə vəftiz edirdi, amma siz bir neçə gündən sonra Müqəddəs Ruhla vəftiz olacaqsınız.*
(Həvarilərin İşləri 1:5)

Bundan görürük ki, İsanın dirilməsi vədin tam yerinə yetirilməsi deyildi. Əksər ilahiyyatçılar və şərhçilər razılaşırlar ki, vədin tam yerinə yetirilməsi Həvarilərin İşləri 2:1-4-də təsvir edilən Əllinci Günündə baş verdi:

¹ *Əllinci Gün bayramı zamanı onların hamısı bir yerə yığılmışdı.* ² *Birdən güclü külək uğultusu kimi göydən bir səs gəlib onlar oturan evin hər tərəfini bürüdü.* ³ *Onlara göründü ki, nə isə alov kimi dillərə parçalanaraq hər birinin üstünə düşür.* ⁴ *Onların hamısı Müqəddəs Ruhla doldu və Ruhun danışdırdığına görə başqa dillər-*

də danışmağa başladılar.

Əllinci Gün faktiki olaraq vədin yerinə yetirilməsi idi. Müqəddəs Ruh göylərdən şəxsən, qüdrətli külək şəklində endi, onların hər birini doldurdu və hər birinə onların heç vaxt öyrənmədikləri dildə yeni və fövqəltəbii nəfəs verdi.

Həvarilərin İşləri 2-ci fəslinin sonunda Peter baş verənlərin ilahiyyat baxımından izahını verir:

32 Allah bu İsanı ölümdən diriltdi və hamımız buna şahid olduq. 33 Allah Onu ucaltdı və sağ əlində oturtdu. O, vəd edilən Müqəddəs Ruhu Atadan götürüb sizin görüb-eşitdiyiniz kimi üstümüzə tökdü.

(Həvarilərin İşləri 2:32-33)

Yenidən Allahın hər üç Şəxsi bu ayədədir. Oğul İsa Atadan Müqəddəs Ruhu alır və Yerusəlimdə, yuxarı otaqda gözləyən şagirdlərin üzərinə Müqəddəs Ruhu tökür. O an Müqəddəs Ruhun verilməsinə aid olan vəd tamamilə yerinə yetir. Ata və Oğul Müqəddəs Ruhu göylərdən göndərib Yerusəlimdə, yuxarı otaqda gözləyən şagirdlərinə verdi.

Fikir verin ki, bu vaxta İsa sadəcə dirilməmişdi, həmçinin göylərə yüksəldilib izzətlənmişdi. Həmçinin, yadda saxlayın ki, Yəhya 7:39-da Müjdənin müəllifi qeyd edir: İsa izzətlənməyənəcən Müqəddəs Ruhun vədi yerinə yetirilə bilməz.

Biz iki mühüm günə nəzər saldıq. Birincisi Pasxa günüdür; bu gün Məsih dirildi və Müqəddəs Ruhu üfürdü. İkincisi Əllinci gündür ki, bu gün Məsih izzətlənir və Müqəddəs Ruh enir. Yadda saxlayın ki, hətta indiki həyatda belə, bu, bütün imanlılar üçün nümunədir.

Pasxa günü	Ölülərdən dirilmiş İsa	Müqəddəs Ruhu üfürür
Əllinci gün	İzzətlənmiş	Müqəddəs Ruhu tökür

İndicə tədqiq etdiyimiz hadisələrin sonsuz əhəmiyyətini cəmləyəcəyik. Müqəddəs Ruh Əllinci Gündə şəxs kimi yer üzünə endi.

İndi O, Allahın yer üzündə şəxsi nümayəndəsidir. Görünür ki, Allahın yalnız bir şəxsi eyni zamanda yer üzündə sakin ola bilər. Bu, bir qanundur və mən bunu izah edə bilmirəm. Bir neçə il ərzində yer üzündə Oğul İsa yaşadı. Ancaq İsa göylərə qayıdanda söz verdi ki, Onun yerinə başqa şəxs gəlib sadəcə bir neçə qısa il deyil, həmişəlik bizimlə qalacaq. Bu vəd Əllinci Gündə yerinə yetirildi. Oğul İsa Şəxs olaraq, göylərdəki Atanın yanına qayıtdı. Sonra Ata ilə Oğul birlikdə Müqəddəs Ruhu İsanın yerinə yer üzünə göndərdi.

Müqəddəs Ruh indi harada yaşayır? Buna iki cavab var. Birincisi, O, imanlıların cəmiyyətində, Məsihin Bədənində yaşayır. Paul Korinf imanlılarından soruşur:

[16] Məgər bilmirsiniz ki, siz Allahın məbədisiniz və Allahın Ruhu sizdə yaşayır? (1 Korinflilərə 3:16)

Paul burada Müqəddəs Ruhun məbədi haqqında danışır.

İkincisi, 1 Korinflilərə 6:19-da Paul daha mühüm bir söz deyir. O göstərir ki, Allahın məqsədinə görə, Müqəddəs Ruhun evi yalnız Məsihin Bədəni deyil, hər imanlının bədəni olmalıdır.

[19] Məgər bilmirsiniz ki, bədəniniz Allahdan aldığınız, sizdə yaşayan Müqəddəs Ruhun məbədidir? Siz özünüzə məxsus deyilsiniz.

Bu, Müqəddəs Kitabın ən heyranedici bəyanatlarından biridir! Əgər biz İsa Məsihə iman ediriksə, bizim fiziki bədənlərimiz Müqəddəs Ruhun məbədidir.

4

Daxilimizdə yaşayan kömakçi

Müqəddəs Ruh bizim köməkçimiz olmaq üçün gəlmişdir. Bu, nə deməkdir? Biz Yəhya 14:16-18-də verilən İsanın bu vədinə yenidən nəzər salacağıq:

> [16] *Mən də Atadan xahiş edəcəyəm və O sizə başqa bir Vəsatətçi [paraklete] göndərəcək ki, daim sizinlə olsun.* [17] *O, həqiqət Ruhudur. Onu dünya qəbul edə bilməz, çünki Onu nə görür, nə də tanıyır. Sizsə Onu tanıyırsınız, çünki sizinlə qalır və daxilinizdə olacaq.* [18] *Sizi yetim qoymaram, yanınıza gələcəyəm.*

Yunan dilində *"paraklete"* sözünün mənası belədir: «kömək etmək üçün yaxında olmağa çağırılmış». Paraklete özünüz üçün edə bilmədiyiniz işi sizin üçün edən kəsdir. Eyni Yunan sözü 1 Yəhya 2:1-də istifadə edilir:

> [1] *Övladlarım, bunları sizə yazıram ki, günah etməyə-*

siniz. Əgər kimsə günah etsə belə, Atanın hüzurunda Vəsatətçimiz var; O, saleh olan İsa Məsihdir.

"*Vəsatətçi*" kimi tərcümə olunan söz orijinalda "*paraklete*" sözündən yaranmış sözdür. "Vəsatətçi" – «çağırılmış kəs», *vəkil*. Vəkil bizi müdafiə edərək danışır. Müasir dünyada hamımız vəkilin vəzifəsi barədə bilirik.

Müqəddəs Kitab bizə böyük həqiqəti açıqlayır: bizim iki vəkilimiz var. Yer üzündə Müqəddəs Ruh bizi müdafiə edir. Düzgün deyə bilmədiyimiz şeyləri bizim üçün O deyir; başa düşmədiyimiz şeyləri bizə O izah edir. Göylərdə Atanın qarşısında vəkilimiz İsadır; O, bizi müdafiə edir. Sadəcə fikirləşin: bizim kainatda iki ən böyük vəkilimiz var. Atanın sağ tərəfində Oğul İsa Məsih, yer üzündə isə Müqəddəs Ruhdur. Belə iki Vəkil ilə uduza bilərikmi?

İcazə verin İsa bizim *paraklete*-miz barədə söylədiyini açıqlayım: O, bizim müvəkkilimiz, təsəlli verənimiz, vəkilimiz və köməkçimizdir. Əvvəllər oxuduğumuz Yəhya 14:16-18-də İsanın sözlərini mən sizin üçün izah edəcəyəm:

«Ata sizə başqa bir Vəsatətçi göndərəcək». Siz «başqa» sözünün əhəmiyyətini başa düşməlisiniz, çünki o, Şəxsə işarə edir. İsa dedi: «Mən şəxsəm. Mən gedirəm. Mən gedəndən sonra, başqa Şəxs sizin köməkçiniz olmaq üçün gələcək. Mən burada olarkən, Mən sizin köməkçiniz olmuşam, ancaq indi Mən gedirəm. Amma siz köməksiz qalmayacaqsız. Başqa köməkçi gələcək.

«O, daim sizinlə olacaq». İsa deyir: "Mən sizinlə üç il yarım olmuşam. Mən sizi tərk edirəm, ancaq kədərlənməyin, çünki Mənim yerimə başqa bir Şəxs gələcək və O, sizi heç vaxt tərk etməyəcək. O həmişəlik sizinlə olacaq».

«O, sizinlə qalır və daxilinizdə olacaq». Bu Vəkil və ya təsəlliverici bizim daxilimizdə yaşayacaq. Biz Onun yaşayış ünvanı olacağıq.

«Sizi yetim qoymaram, yanınıza gələcəyəm». Əslində, İsa çıxıb getsəydi və onlar üçün heç bir tədbir görməsəydi, şagirdlər tərk edilmiş yetimlər kimi qalacaqdılar: heç kim onların qeydinə qalmayacaq, heç kim onlara kömək etməyəcək və başa düşmədiklərini onlara izah etməyəcəkdi.

«Yanınıza gələcəyəm». Bu, çox vacibdir. Məsih Müqəddəs Ruhda şagirdlərinin yanına geri qayıdır. Yer üzündə olarkən İsa yalnız bir yerdə ola bilirdi. O, bir yerə toplaşmış Peter, Yəhya və Məcdəlli Məryəm ilə danışa bilirdi, lakin onlar müxtəlif yerdə olanda İsa onlarla eyni zamanda danışa bilmirdi. O, vaxt və məkanda məhdud idi. İndi isə, O, Müqəddəs Ruhda Öz adamlarının yanına gələndə İsa artıq vaxt və məkanla məhdud deyil. O, ehtiyac duyan Allahın övladı ilə danışaraq Avstraliyada ola bilər; O, Birləşmiş Ştatlarda vaizi məsh edə bilər; O, bir missioneri gücləndirərək və ya ona şəfa

verərək Afrikanın səhralarında və ya cəngəlliklərində ola bilər. O, məhdud deyil. O geri qayıtdı, lakin artıq vaxt və məkan Onu məhdud etmir.

Mən bir Şəxsin getməsi, digərinin isə gəlməsi mövzusunu bir qədər də davam etmək istərdim. Yəhya 16:5-7-də İsa deyir:

> [5] *İndi isə Məni Göndərənin yanına gedirəm və heç biriniz Məndən "Hara gedirsən?" deyə soruşmur.* [6] *Amma sizə bu şeyləri söylədiyim üçün ürəyiniz kədərlə doldu.* [7] *Bununla belə, Mən sizə həqiqəti söyləyirəm: Mənim getməyim sizin xeyrinizədir. Çünki getməsəm, Vəsatətçi yanınıza gəlməz, amma getsəm, Onu sizə göndərəcəyəm.*

Bu çox aydın yazılıb. İsa deyir: «Hələ ki, Mən yer üzündə şəxsən sizinləyəm, Müqəddəs Ruh Şəxs kimi göylərdə qalmalıdır. Ancaq mən Şəxs kimi çıxıb getsəm, Mənim yerimə başqa Şəxsi, Müqəddəs Ruhu göndərəcəyəm». Bu, Allahın Şəxslərinin mübadiləsidir. Bir müddət Oğul bir Şəxs kimi yer üzündə idi, sonra O, Öz xidmətini tamamlayıb göylərə qayıtdı. Onun yerinə Müqəddəs Ruh (Allahın başqa Şəxsi) gəldi və gəlişinin məqsədi İsanın başladığı xidməti tamamlamaq idi.

İsa deyir ki, Onun getməsi bizim xeyrimizədir. İsanın yer üzündə, Müqəddəs Ruhun göylərdə olmasındansa, İsanın göylərdə, Müqəddəs Ruhun isə yer üzündə olması bizim üçün daha yaxşı olar. Bunu çox az adam başa düşür. Məsihçilər həmişə deyirlər: «Kaş, İsanın yer üzündə yaşadığı vaxtda yaşayardım». İsa isə deyir: «Sizin üçün belə yaxşı deyil. Mən göylərdə, Müqəddəs Ruh isə yer üzündə olanda siz daha yaxşı olacaqsınız».

İcazə verin ilk şagirdlərin təcrübəsi əsasında bunu təsvir edim. Müqəddəs Ruh gələndən sonra dərhal baş vermiş hadisəyə fikir verin. Üç nəticə yarandı:

Birincisi, onlar Allahın planını və İsanın xidmətini daha yaxşı başa düşdülər. İsa yer üzündə olarkən onlar bunu belə yaxşı başa düşmürdülər. Bu diqqətəlayiq faktdır ki, onların dərk etmək qabiliyyəti çox ləng və məhdud idi. Lakin Müqəddəs Ruhun gəldiyi an onlar İsanın xidmətini və təlimini tamamilə başqa cür dərk etdilər.

İkincisi, onlar çox cürətli oldular. Hətta İsanın dirilməsindən sonra onlar Yəhudilərin qorxusundan bağlı qapı arxasında uzaqda gizlənmişdilər. Onlar qarşıda dayanıb vəz etməyə və həqiqəti elan etməyə hazır deyildilər. Amma Müqəddəs Ruh gələndən sonra vəziyyət dəyişdi. Peter Yerusəlimdə Yəhudi xalqına İsanın bütün hekayəsini cəsarətlə birnəfəsə danışdı və Onun çarmıxa çəkilməsində onları günahlandırdı.

Üçüncüsü, onlar fövqəltəbii təsdiqlərə malik idilər. Müqəddəs Ruhun gəldiyi an möcüzələr baş verməyə başladı. Sanki İsa yenə şəxsən onlarla idi, çünki İsa demişdi: «Müqəddəs Ruh gələndə, Mən qayıdaca-ğam, sizinlə olacağam. Mən sizi yetim kimi qoyma-yacağam».

5

Allahın Kəlamının vəhyi

Müqəddəs Ruh bizə kömək edir, bizə təsəlli verir və xüsusi yollarla ehtiyaclarımızı qarşılayır. Nəzərdən keçirəcəyimiz birinci yol *Allahın Kəlamının vəhyidir*. Müqəddəs Ruh Allahın Kəlamını açıqlayır və şərh edir. Yəhya 14:25-26-da İsa Öz şagirdlərinə deyir:

25 Hələ yanınızda qalarkən sizə bu sözləri söylədim. 26 Lakin Vəsatətçi – Atanın Mənim adımla göndərəcəyi Müqəddəs Ruh hər şeyi sizə öyrədəcək və söylədiyim bütün sözləri yadınıza salacaq.

Müqəddəs Ruhun 26-cı ayədə xatırladılan iki funksiyası çox vacibdir: O, sizi *öyrədəcək* və *yadınıza salacaq*. O, şagirdlərə İsanın öyrətdiklərini xatırlatmalı idi. Mən başa düşürəm ki, həvarilər öz zəif insani yaddaşı ilə deyil, Müqəddəs Ruhun ilhamı ilə Əhdi-Cədidi yazdılar. Ola bilsin ki, şagirdlər bir şeyi dəqiq yadda saxlamamışdılar, lakin Müqəddəs Ruh lazım olanı onların yadına saldı.

Müqəddəs Ruh yalnız keçmişin deyil, həmçinin gələcəyin də qeydinə qaldı. O, şagirdlərə lazım olanı öyrətdi. Bu, bizə də aiddir. Müqəddəs Ruh bizim müəllimimizdir. İsa yer üzündə olarkən böyük müəllim idi, ancaq indi İsa müəllimlik işini Öz şəxsi nümayəndəsinə – Müqəddəs Ruha tapşırmışdır. Allahın Kəlamına aid hansı biliyə ehtiyac duyuruqsa, Müqəddəs Ruh bizi öyrədir. Bu, şagirdləri Əhdi-Ətiq peyğəmbərləri ilə eyni səviyyəyə qoyur. Əhdi-Ətiq peyğəmbərləri haqqında Peter yazır:

> 21 Heç vaxt peyğəmbərlik insan iradəsi ilə qaynaqlanmamışdır, lakin Müqəddəs Ruh tərəfindən yönəldilən insanlar Allahdan gələn sözləri söylədi.
>
> (2 Peter 1:21)

Əhdi-Ətiq peyğəmbərlərinin dəqiqliyi və səlahiyyəti Müqəddəs Ruhdan gəlirdi. Onların dediklərinə görə O, məsuliyyət daşıyırdı, çünki O, onların üzərində idi.

Müqəddəs Ruh onları ruhlandırır və irəli aparırdı. Lakin bu, Əhdi-Cədidin müəlliflərinə də aiddir. İsa Müqəddəs Ruhun şagirdlərinə Onun dediklərini xatırladacağına və şagirdlərinə lazım olanı öyrədəcəyinə əmin idi. Müqəddəs Ruh bütün Müqəddəs Kitabın – həm Əhdi-Ətiqin, həm də Əhdi-Cədidin Müəllifidir. 2 Timoteyə -3:16da Paul çox aydın bəyan edir:

> 16 Bütün Müqəddəs Yazılar Allahdan ilham almış və təlim, məzəmmət, islah, salehlik tərbiyəsi üçün faydalıdır.

Burada "Allahdan ilham almış" və ya *"Allahın nəfə- si ilə üfürülmüş"* Müqəddəs Ruhun iştirakına işarə edir. Müqəddəs Ruh bütün Müqəddəs Kitabı Öz nəfəsi ilə üfürərək insan vasitəsilə yazdırdı.

Allah bizi mükəmməl təmin edir, buna görə də ürəyim sevinir. Müqəddəs Ruh Müqəddəs Kitabın Müəllifi idi, O, bizim Müqəddəs Kitab üzrə də şəxsi Müəllimimizdir. Beləliklə, müəllif Özü Kitabın şərhçisi olur. Kitabı müəllifdən yaxşı kim izah edə bilər? Mən özüm iyirmidən çox kitab yazmışam. Bəzən başqa adamların mənim kitablarımı izah etdiklərini eşidirəm və çox vaxt onların yaxşı izah etdiklərini görürəm, hərçənd fikirləşirəm: "Bu hissəni düzgün başa düşmə- din", yaxud "O hissəyə fikir vermədin». Belə vəziy- yətdə Müqəddəs Kitabın Müəllifi olan Müqəddəs Ruh həmçinin şərhçidir. O, heç nəyi diqqətsiz qoymur; O, hər şeyi düz öyrədir. Biz Ona qulaq asa bilsək, Ondan qəbul edə bilsək, Müqəddəs Kitabın həqiqi təlimini biləcəyik.

Müqəddəs Kitabın açıqlaması Əllinci Günün nəticə- si idi. Müqəddəs Ruh enəndə inanmayan izdiham dedi: «Onlar sərxoşdurlar!» Ancaq Peter ayağa qalxıb dedi:

[15] *Bu adamlar fikirləşdiyiniz kimi sərxoş deyil. Hələ günün üçüncü saatıdır.* [16] *Bu gördükləriniz Yoel peyğəmbər vasitəsilə əvvəlcədən deyilən hadisədir.*

(Həvarilərin İşləri 2:15-16)

O vaxta qədər Peter Yoel peyğəmbərin Kitabındakı peyğəmbərliyi başa düşmürdü. Faktiki olaraq, o, İsanın təlimini də çox az başa düşürdü. Ancaq Müqəddəs Ruh gələndən sonra Müqəddəs Kitab ona tamamilə yeni yolla açılaraq mənalı oldu, çünki müəllif Özü izah etmək üçün orada idi.

Bu, həvari Paula da aiddir. O, imanlılar cəmiyyətini təqib edir, İsanın sözlərini rədd edirdi. Həvarilərin İşləri 9:17-də oxuyuruq:

17 Bundan sonra Xananya gedib həmin evə girdi və əllərini Şaulun üstünə qoyub dedi: «Qardaşım Şaul, Rəbb, yəni bura gələrkən yolda sənə görünən İsa məni göndərdi ki, sənin gözlərin açılsın və Müqəddəs Ruhla dolasan».

Bundan dərhal ondan sonra Paul əvvəllər inkar etdiyi İsanın Allahın Oğlu olduğu barədə həqiqəti sinaqoqlarda vəz etməyə başladı. Müqəddəs Ruhu qəbul edəndən sonra isə onun dərrakəsi tam dəyişdi. Sanki o, qaranlıqdan işığa keçdi. Bu, tədricən deyil, bir an içində baş vermiş dəyişilmə idi, çünki Müqəddəs Kitabın Müəllimi və Müəllifi olan Müqəddəs Ruh artıq Paulda idi.

Allahın Kəlamını şərh edən və açıqlayan Müqəddəs Ruh haqqında danışaraq unutmamalıyıq ki, Allahın Kəlamı yalnız Müqəddəs Kitab deyil, İsanın Özü də Allahın Kəlamı adlandırılır. Yəhya 1:1-də biz İsa barədə oxuyuruq:

¹ *Başlanğıcda Kəlam var idi. Kəlam Allahla birlikdə idi. Kəlam Allah idi.*

Bu ayədə İsa üç dəfə «Kəlam» adlandırılır. Yəhya 1:14 bəyan edir:

¹⁴ *Kəlam bəşər olub, lütf və həqiqətlə dolu olaraq aramız- da məskən saldı; biz də Onun ehtişamını – Atadan gələn vahid Oğulun ehtişamını gördük.*

Müqəddəs Kitab Allahın yazılmış Kəlamdır, İsa isə şəxsən Allahın Kəlamdır. Əlbəttə, son dərəcə gözəl şey odur ki, onlar bir-biri ilə mükəmməl razılıqdadırlar. Müqəddəs Ruh yalnız Allahın yazılmış Kəlamını deyil, şəxsən Allahın Kəlamı olan İsanı da açıqlayır və təfsir edir. İsa Müqəddəs Ruh haqqında deyir:

¹² *Hələ sizə söylənəcək çoxlu sözüm var, amma indi bunların öhdəsindən gələ bilməzsiniz.* ¹³ *Lakin O – həqiqət Ruhu gələndə sizə hər həqiqətə yol göstərəcək. Çünki heç nəyi Özündən söyləməyəcək, nə eşidirsə, onu söyləyəcək və gələcəyi sizə bildirəcək.* ¹⁴ *O, Məni izzətləndirəcək, çünki Mənim olandan götürüb sizə bildirəcək.* ¹⁵ *Atanın hər nəyi varsa, Mənimdir. Buna görə də "Mənim olandan götürüb sizə bildirəcək" söylədim.* (Yəhya 16:12-15)

12-ci ayə bizə deyir ki, İsa bütün sözlərini deməyə çalışmırdı, çünki Müqəddəs Ruha etibar edirdi və Müqəddəs Ruhun gələcəyini bilirdi. Sonra İsa Müqəddəs Ruhun gələndən sonra edəcəklərini izah etdi.

Müqəddəs Ruh İsaya mənsub olanı götürür və bizə açır. O, İsanı bizim üçün izzətləndirir. Müqəddəs Ruh İsanı Onun izzətində, Onu bütövlüyündə göstərir. İsanın təbiətinin, Onun xasiyyətinin, Onun xidmətinin hər bir aspektini Müqəddəs Ruh açıqlayır.

Maraqlıdır ki, Müqəddəs Ruh Yerusəlimdə Əllinci Gündə həvarilərə və şagirdlərə veriləndən sonra onlar İsanın harada olduğu barədə daha sual vermirdilər. Onlar bildirdilər ki, İsa Atanın sağ tərəfində izzət içindədir. Müqəddəs Ruh şagirdlərə İsanın izzətini göstərdi. O, İsanın xüsusiyyətlərini – onların xatirələrindən, onların Məsih ilə əlaqələrindən, Müqəddəs Kitabdan götürüb şagirdlərə açıqlayırdı.

Müqəddəs Ruh İsanı izzətləndirir və açıqlayır. O, Atanın və Oğulun zənginliyini də idarə edir; Atanın malik olduğu hər şey Oğula verilib, Oğlun malik olduğu hər şeyi Müqəddəs Ruh idarə edir. Başqa sözlə desək, Allahın bütün zənginliyini Müqəddəs Ruh idarə edir. Biz doğrudan da yetim deyilik: O, bizi idarə edir və Allahın bütün zənginliyi Onun ixtiyarına verilib.

6

Fövqəltəbii təyyarədə yüksəyə qaldırılmışıq

Müqəddəs Ruhun gəlişinin növbəti əsas nəticəsi həyatda fövqəltəbii təyyarədə yüksəyə qalxmağımızdır. İbranilərə Məktubda iki çox maraqlı ayə Əhdi-Cədid standartı ilə məsihçiləri təsvir edir:

4 Bir dəfə nurlanmış, səmavi ənamdan dadmış və Müqəddəs Ruha şərik olmuş, 5 Allahın xoş kəlamını və gələcək dövrün qüvvələrini dadmış olduqları halda...
(İbranilərə 6:4-5)

Burada, Əhdi-Cədid imanlıları haqqında beş xüsusiyyət sadalanır:

- Birincisi, onlar «*nurlanmış*»dır.
- İkincisi, onlar «*səmavi ənamdan dadmış*»dır. Məncə, bu, İsada əbədi həyatın ənamıdır.
- Üçüncüsü, onlar «*Müqəddəs Ruha şərik olmuş*»dur. və ya Müqəddəs Ruhun iştirakçıları olmuşdur.

- Dördüncüsü, onlar "*Allahın xoş kəlamını*" dadmışdılar; yəni Allahın Kəlamı onlar üçün canlı və həqiqi olmuşdur.

- Beşincisi, onlar «gələcək dövrün qüvvələrini» dadmışlar.

Bütün məsihçilər güman edir ki, növbəti dövrdə biz tamamilə fərqli yolla fəaliyyət göstərəcəyik. Biz öz fiziki bədənlərimizin məhdudiyyətlərinin çoxundan azad olacağıq, çünki bədənimiz və həyat tərzimiz tamam fərqli olacaq. Ancaq bəzi məsihçilər başa düşmür ki, Müqəddəs Ruh vasitəsilə biz elə indi yeni həyat tərzini bir az dada bilərik. Biz «gələcək dövrün qüvvələrini» dada bilərik. İndi biz yalnız onları dada bilərik; biz onları tam yaşaya bilmərik. Bu həyatda biz növbəti həyatın nəyə bənzəyəcəyini azca tanıya bilərik.

Paul buna aid Efeslilərə 1:13-14-də imanlılara çox maraqlı yazır:

13 Həqiqət kəlamını, xilasınızın Müjdəsini eşidib Məsihə iman edən zaman siz də vəd olunmuş Müqəddəs Ruhla Onda möhürləndiniz. 14 Müqəddəs Ruh Allaha məxsus olanların satın alınmasından ötrü irsimiz üçün qoyulan girovdur. Belə ki Allahın izzətini mədh edək".

«Girov» sözü çox heyranedicidir. Müqəddəs Ruh Allahın möhürü və ya girovudur, həqiqi imanlılara növbəti dövr üçün indi verilir. Mən burada istifadə edilən sözü tədqiq etmişəm. Yunan mətnində bu, həqiqətən, İbrani sözüdür: *"arrabon".*

Bir çox il bundan əvvəl, təxminən 1946-cı ildə, mən Yerusəlimdə yaşayanda, çox maraqlı hadisə yaşadım və bu mənə *"arrabon"* və ya «depozit» mənalı sözü çox gözəl şəkildə göstərdi. Mən birinci arvadımla birlikdə təzə evimizə pərdə almaq üçün İçəri Şəhərə getdik. İstədiyimiz parçanı tapdıq, qiymətini soruşduq (deyək ki, metrəsi 1$ idi), satıcıya 50 metr almaq istədiyimizi söylədik və o, mənə 50$ qiymət dedi. Beləliklə, mən satıcıya dedim: «Üstümdə əlli dollarım yoxdur. On dollar beh qoyuram. Bu mal mənimdir. Siz onu kənara qoyun. Onu heç kimə satmayın. Pulun qalan hissəsini gətirəcəyəm və parçanı götürəcəyəm». Beləliklə, budur *"arrabon"* sözünün mənası.

Müqəddəs Ruh Rəbbin bizdə qoyduğu behdir. O, bizə Müqəddəs Ruhu verməklə gələcək həyatın behini indi ödəniş edir. Biz behi alandan sonra həmin parça satıcısı kimi oluruq. Biz başqa adamlardan ayrılırıq, bizi daha heç kəsə satmaq olmaz. Beh bir zəmanətdir ki, O, alış məsələsini tamamlamaq üçün qalan ödənişlə geri qayıdacaq. Məhz buna görə Paul «*Müqəddəs Ruh Allaha məxsus olanların satın alınmasından ötrü irsimiz üçün qoyulan girovdur*» deyir. Biz artıq Ona mənsubuq, biz yalnız behi qəbul etmişik, tam ödəniş sonra ediləcək.

Müqəddəs Ruh gələcək həyata aid Allahın bizim həyatımıza qoyduğu behdir. Bu, fövqəltəbii həyat təcrübəmizin hər sahəsinə aiddir.

Mən *"Saleh həyatın təməl həqiqətləri"* adlı kitabıma istinad etmək istəyirəm; "Əllinci Günün məqsədləri" adlanan bölmə bu mövzuya həsr olunub. Bu kitabda yazıram:

Əgər biz açıq fikirlə Əhdi-Cədidi öyrəniriksə, ilk məsihçilərin bütün həyat və təcrübəsi fövqəltəbii möcüzələrlə dolu olduğunu etiraf etməyə məcburuq. Fövqəltəbii möcüzələr gözlənilməz və ya əlavə bir şey deyildi; onlar məsihçilərin həyatının ayrılmaz hissəsi idi. Onların duaları fövqəltəbii idi; onların vəzləri fövqəltəbii idi; onlar fövqəltəbii yol ilə istiqamətləndirilirdilər, onlara fövqəltəbii səlahiyyət verilirdi, fövqəltəbii nəql edilirdilər, fövqəltəbii yol ilə müdafiə olunurdular.

Həvarilərin İşləri Kitabından fövqəltəbii hissəni kənar etsək faydasız və ya mənasız bir şey qalacaq. Həvarilərin İşləri Kitabında 2-ci fəsildə Müqəddəs Ruhun enməsindən sonra fövqəltəbii təcrübəni təsvir etməyən bir fəsli tapmaq qeyri-mümkündür.

Efesdə Paulun xidməti haqında biz çox güclü və düşündürən ifadə tapırıq: «Allah Paul vasitəsilə fövqəladə möcüzələr yaradırdı» (Həvarilərin İşləri 19:11).

«Fövqəladə möcüzələr» ifadəsini nəzərdən keçirin. Yunan dilindən belə sərbəst tərcümə də etmək olardı: «hər gün baş verməyən möcüzələr". İlk imanlıların cəmiyyətində möcüzələr hər gün baş verirdi. Adətən onlar buna heç təəccüb və ya bunu şərh də etmirdilər. Lakin Paul Efesdə xidmət edərkən baş vermiş möcüzələr haqqında ilk imanlılar cəmiyyəti xüsusilə qeyd edir.

Hansı imanlıların cəmiyyətində biz bu gün «hər gün baş verməyən möcüzələr" haqda eşidə bilərik? Hansı imanlıların cəmiyyətində bu gün möcüzələr baş verir? Heç olmazsa, gündə bir möcüzə baş verir?

İlk məsihçilərin həyatında fövqəltəbii möcüzələr xüsusilə bir sahədə baş verirdi – onların Müqəddəs Ruhdan aldıqları fövqəltəbii istiqamətləndirmədə. Həvarilərin İşləri 16-cı fəsildə Paulun və onun yoldaşlarının ikinci missioner səyahəti haqqında oxuyuruq. Bu gün onlar Kiçik Asiya adlandırdığımız yerdə idilər:

> 6 ...Müqəddəs Ruh onlara imkan vermədi ki, Asiya vilayətində kəlamı yaysınlar.
> 7 ...Misiya sərhədinə gələrkən Bitinyaya getməyə çalışdılar. Amma İsanın Ruhu onlara izin vermədi.
> (Həvarilərin İşləri 16:6-7)

Beləliklə, onlar qərbə getməyə cəhd etdilər, Müqəddəs Ruh isə onlara imkan vermədi. Sonra onlar şimal-şərqə getməyə cəhd etdilər və Müqəddəs Ruh «Xeyr» dedi. Həvarilərin İşləri 16:8-10 davam edir:

> 8 Ona görə Misiyadan keçib Troasa getdilər. 9 O gecə Paul bir görüntü gördü. Makedoniyalı bir nəfər onun qarşısında durub yalvarırdı: «Makedoniyaya gəl və bizə kömək et!» 10 Paul bu görüntünü görəndən sonra Makedoniyaya getmək üçün dərhal bir yol axtardıq.

Bundan nəticə çıxartdıq ki, Allah bizi orada Müjdə yaymaq üçün çağırır.

Bu, çox əhəmiyyətli hadisədir, bizim üçün Müqəddəs Ruhun fövqəltəbii müdaxiləsinin və idarə etməsinin nümunəsidir. Onlar üçün qərbə – Asiyaya və ya şimal-şərqə – Bitinyaya getmək coğrafi cəhətdən rahat idi. Bu iki ərazidən keçərək şimal-qərbə, sonra da Avropa qitəsinə getmək qeyri-təbii idi.

Lakin biz imanlıların cəmiyyətinin sonrakı tarixinə nəzər salsaq görərik ki, Avropa qitəsi xüsusi əhəmiyyətə malik idi. Birincisi, Orta Əsrlər zamanı Müjdəni qoruyub saxlamaqda; ikincisi də, bir çox il ərzində Allahın Kəlamını başqa millətlərə göndərən əsas qitə olmaqda. Allah bir çox əsri əhatə edən ali məqsədə malik idi. Paul və onun yoldaşları bunu heç vaxt təbii düşüncə ilə aşkar edə bilməzdilər; lakin Müqəddəs Ruhun fövqəltəbii rəhbərliyi sayəsində onlar Allahın məqsədinə uyğun istiqamətdə getdilər. Onların həyatında Müqəddəs Ruhun fövqəltəbii rəhbərliyi bütün tarixə təsir göstərmişdir.

Bu, erkən məsihçilərin həyatına Müqəddəs Ruhun bir çox fövqəltəbii müdaxiləsindən yalnız bir nümunədir.

7

Duada kömək

Müqəddəs Ruhun üçüncü həyati vacib yol ilə *bizə kömək etdiyi sahə bizim dualarımızdır*. Romalılara 8:14-də Paul məsihçi həyatını yaşamaq üçün Müqəddəs Ruhun rəhbərliyinə ehtiyacımızı təsvir edir:

¹⁴ *Allahın Ruhu ilə yönəldilənlərin hamısı Allahın oğulları dır.*

Məsihçi olmaq üçün siz Allahın Ruhundan doğulmalısınız. Ancaq məsihçi kimi yaşamaq üçün və yenidən doğulandan sonra böyüyüb yetkin olmaq üçün Allahın Ruhu sizi daima istiqamətləndirməlidir. Paul feli indiki zamanın davam edən formasında istifadə edir: «*Allahın Ruhu ilə (daima) yönəldilənlərin hamısı Allahın oğullarıdır*». Onlar artıq kiçik körpələr deyil, yetkin oğul və qızlardır.

Daha sonra Romalılara Məktubda Paul Müqəddəs Ruhun idarə etməsi prinsipini bizim dua həyatımıza tətbiq edir. O, Müqəddəs Ruhun rəhbərliyi ilə düzgün dua etməyin əhəmiyyətini vurğulayır.

[26] *Ruh da bizə zəif olarkən kömək edir. Biz nə üçün və necə dua etmək lazım olduğunu bilmirik, lakin Ruh Özü dillə deyilməyən ahlarla vəsatətçilik edir.*
[27] *Ürəkləri sınayan Allah da Ruhun nə düşündüyünü bilir, çünki Ruh Allahın iradəsinə görə müqəddəslər üçün vəsatətçilik edir.*

(Romalılara 8:26-27)

Paul burada hamımızda olan zəiflik haqqında danışır. Bu, fiziki zəiflik deyil, ağıl və dərrakədə olan zəiflikdir. Biz nə üçün və necə dua etməyin lazım olduğunu bilmirik.

Mən çox vaxt imanlılar cəmiyyətində adamlardan xahiş etmişəm: "Əgər həmişə nə üçün və necə dua etməyin lazım olduğunu bilirsinizsə, əlinizi qaldırın". Belə çağırışın cavabında heç vaxt bir nəfər belə, öz əlini qaldırmağa cürət etmirdi. Mən fikirləşirəm ki, biz düzünü etiraf etməliyik: çox vaxt dua etmək istəyəndə nə üçün dua etməyin lazım olduğunu bilmirik. Bəzən, hətta nə üçün dua etməyin lazım olduğunu bildiyimizi zənn ediriksə, necə dua etməyi bilmirik. Paul bunu *"zəiflik»* adlandırır. Ancaq o, bizə deyir ki, Allah bizə zəiflikdə kömək etmək üçün Müqəddəs Ruhu göndərir ki, biz nə üçün və necə dua etməyi bilək. Müəyyən mənada, Paul deyir ki, Müqəddəs Ruh bizə daxil olaraq bizim vasitəmizlə dua edir. Təsirli duanın sirri Müqəddəs Ruha tabe olmaq üçün Onunla əlaqədə olmağı öyrənməkdir. Bundan sonra Ona bizi istiqamətləndirməyə, idarə etməyə, ruhlandırmağa və gücləndirməyə, dəfələrlə bizim vasitəmizlə dua etməyə imkan verə bilərik.

Əhdi-Cədid Müqəddəs Ruhun bizə kömək edəcəyinin bir çox yolunu göstərir; bunlardan bir neçəsini mən indi qeyd edəcəyəm.

Birinci yol Romalılara 8:26-27-də təsvir edilir. Paul deyir: «...*Ruh Özü dillə deyilməyən ahlarla vəsatətçilik edir*». Mən bunu "*havadarlıq*" adlandırardım; bu, məsihçi həyatının ən yüksək xüsusiyyətlərindən biridir. Sonra o, «dillə deyilməyən ahlarla" deyir. Bizim məhdud ağlımız dua etmək üçün lazımi sözləri bilmir. Beləliklə, Müqəddəs Ruh bizim köməyimizə gəlir, bizdən istifadə edərək dillə deyilməyən ahlarla dua edir.

Bu, çox müqəddəs təcrübə, ruhani zəhmətdir ki, ruhani doğulmaya gətirib çıxarır. Yeşaya 66:8 deyir:

⁸ *Sion isə ağrısı tutan kimi övladlarını doğdu.*

Dillə deyilməyən ahlar olmasa, imanlılar cəmiyyətində əsl ruhani doğum ola bilməz. Sionun ağrısı tutan kimi övladlarını doğdu. Paul Qalatiyalılara 4:19-da bunu təsdiq edir:

¹⁹ *Övladlarım! Məsihin surəti sizdə yaradılana qədər, sizlər üçün yenə doğuş ağrısı çəkirəm.*

Paul bu adamlara vəz etmişdi və onlar imana gəlmişdilər. Ancaq onların böyüməsi üçün, Paulun dediyi kimi, yalnız vəz deyil, havadar dua gərək idi. Paul bu havadar duanı «*doğuş ağrısı*» və ya «*iniltilərin*» *həddindən artıq dərin olması* kimi təsvir edir.

Müqəddəs Ruhun duada bizə kömək etməsinin ikinci yolu odur ki, O, *bizim düşüncəmizi agah edir.* O, bizim vasitəmizlə dua etmir, lakin düşüncəmizi agah edərək bizə nə üçün və necə dua etməli olduğumuzu göstərir. Bizim düşüncəmizdə Müqəddəs Ruhun apardığı iş haqqında bəhs edən iki hissə var. Romalılara 12:2-də oxuyuruq:

2 *Bu dövrə uyğunlaşmayın, əksinə, düşüncənizin təzələnməsi ilə dəyişin ki, Allahın yaxşı, razı salan və kamil iradəsini ayırd edəsiniz.*

Yalnız yenilənmiş ağıl Allahın iradəsini tanıya bilər. Bu, duaya aid Allahın iradəsinə də aiddir. Efeslilərə 4:23 deyir:

23 *...Ruhən və əqlən yeniləşin.*

Müqəddəs Ruh bizim əqlimizi yeniləşdirir. Müqəddəs Ruh daxilimizə gəlib əqlimizi yeniləyəndən sonra biz Allahın iradəsini dərk etməyə və Allahın iradəsinə müvafiq olaraq dua etməyi anlamağa başlayırıq. Müqəddəs Ruhun ikinci yol ilə bizə kömək etməsi ondan ibarətdir ki, O, bizim düşüncəmizi yeniləyir, əqlimizə agah edir və necə dua etməyi bizə göstərir.

Müqəddəs Ruhun bizə kömək etməsinin üçüncü

yolu ondan ibarətdir ki, *O, bizim ağzımıza, çox vaxt göz-
lənilmədən düzgün sözləri qoyur.* Mən həmişə bu barədə
danışanda birinci arvadımla baş verən hadisə yadıma
düşür. Bir dəfə oktyabrın sonunda biz onun doğma
ölkəsi olan Danimarkada idik. Növbəti gün biz Brita-
niyaya getməyə və orada bir ay qalmağa hazırlaşırdıq.
Mən Britaniyalıyam və bilirəm ki, Britaniyada noyabr
soyuq, tutqun, dumanlı olur. Britaniyaya yola düşməz-
dən bir gün əvvəl biz dua edəndə Lidiyanın "Britaniya-
da olduğumuz bütün müddət ərzində bizə gözəl hava
ver!" deyən duasını eşitdim. Az qalsın ki, oturduğumuz
və dua etdiyimiz çarpayıdan yerə yıxılacaqdım.

Sonra mən ondan nə barədə dua etdiyini soruşdum.
Lidiya cavab verdi: «Mən xatırlamıram!» Bu, mənə
Müqəddəs Ruhun dua etdiyinin dəqiq sübutu idi.

Mən dedim: «Yaxşı, sən Britaniyada olduğumuz bü-
tün müddət üçün gözəl hava dilədin. Heç bilirsən no-
yabrda Britaniyada hava necə olur?" O, sadəcə çiyin-
lərini atdı. Biz Britaniyada bütün noyabr ayı olduq və
heç bir gün belə, soyuq, yağmurlu olmadı! Sanki gözəl
bahar idi. Noyabrın sonunda gedəndə hava limanında
bizi yola salan adamlara dedim: «Diqqətli olun, çünki
biz gedən kimi hava dəyişəcək!» Hava, əlbəttə ki, də-
yişdi. Müqəddəs Ruh Lidiyanın ağzı ilə dua etdi. Rəbb
onun bu barədə dua etməsini istəyirdi.

Müqəddəs Ruhun bizə duada kömək etməsinin dör-
düncü yolu Əhdi-Cədiddə dəfələrlə xatırladılır. *O, bizə*

yeni, naməlum, təbii ağılın bilmədiyi dil verir. Bəzi adamlar bu gün bunu "dua dili" adlandırır. Paul deyir:

2 *Naməlum dildə danışan, adamlarla yox, Allahla danışır. Onu heç kim başa düşmür. O, Ruh vasitəsilə sirlər söyləyir.* (1 Korinflilərə 14:2)

Eyni fəslin 4-cü ayəsində Paul deyir:

4 *Naməlum dildə danışan özünü inkişaf etdirir, peyğəmbərlik edənsə cəmiyyəti inkişaf etdirir.*
(1 Korinflilərə 14:4)

Bu növ dua üç əsas funksiya daşıyır: Birincisi, biz naməlum dildə dua edəndə adamlar ilə deyil, Allah ilə danışırıq. Mənim üçün bu, böyük şərəfdir.

İkincisi, biz öz ağlımız ilə başa düşmədiyimiz şeylər barədə danışırıq. Biz sirləri danışırıq və ya Allahın sirləri ilə bölüşürük.

Üçüncüsü, biz bunu edəndə, özümüzü öyrədir və ya özümüzü təşviq edirik.

Daha sonra Paul deyir:

14 *Əgər mən naməlum dildə dua edirəmsə, ruhum dua edir, amma şüurum bəhrəsiz qalır.*
(1 Korinflilərə 14:14)

Bu elə bir haldır ki, Müqəddəs Ruh düşüncəmizi agah etmir, lakin bizə yeni dil verir və bizim vasitəmizlə həmin dildə dua edir. Biz bir dua növünü istisna edərək digərini istifadə etməməliyik. Paul çox aydın deyir: «*Ruhən də, şüurlu surətdə də dua edəcəyəm*» (15-ci ayə). Duanın hər iki növü mümkündür. Biz Müqəddəs Ruhu daxilimizə qəbul edəndə, Ona tabe olanda, Müqəddəs Kitaba müvafiq olaraq bizdə işləməyə Ona imkan verəndə dua həyatımızda ecazkar zənginlik və müxtəliflik olur. Allah bunu hər birimizə arzulayır.

8

Bədənlərimiz üçün həyat və sağlamlıq

Müqəddəs Ruhun dördüncü "paraklete" funksiyası *bizim fiziki bədənimizə Onun fövqəltəbii həyatını və sağlamlığını gətirməkdir*. İsa bizə həyat vermək üçün gəldi:

> ¹⁰ *Oğru yalnız qarət etmək, öldürmək və tələf etmək üçün gəlir. Mənsə gəldim ki, onlar həyata, bol həyata malik olsun.* (Yəhya 10:10)

Burada iki şəxs qarşımıza qoyulur və biz onları asanlıqla tanımalıyıq: həyat verən İsa; və həyatı alan İblis. İblis yalnız həyatı almaq üçün həyatımıza daxil olur. O, Allahın bizə verdiyi xeyir-duaları və təminatı oğurlamaq, fiziki bədənimizi öldürmək və əbədi məhv etmək üçün gəlir. Hər birimiz başa düşməliyik ki, iblisə öz həyatımızda yer versək, o, bizim ona imkan verəcəyimiz qədər oğurlayacaq, öldürəcək və məhv edəcək.

Digər tərəfdən, İsa bunun əksini etmək üçün gəldi. O, bizə həyat, bol həyat vermək üçün gəldi. Başa düşməyimiz vacibdir ki, İsanın bizə vermək üçün gəldiyi bu həyat Müqəddəs Ruh tərəfindən idarə olunur. Biz Müqəddəs Ruha həyatımızda işləməyə nə qədər imkan versək, o qədər də bizdə İsanın bol həyatı olacaq. Biz Müqəddəs Ruhun işinə müqavimət göstərsək və ya ondan imtina etsək, İsanın gətirdiyi bol həyatı yaşaya bilmərik. Başa düşməliyik ki, İsanın ölü bədənini dirildən Müqəddəs Ruh idi. Paul İsa haqqında deyir:

> [4] *Müqəddəslik Ruhuna görə ölülər arasından dirilərək Allahın Oğlu olduğu qüdrətlə elan olundu.*
>
> (Romalılara 1:4)

«*Müqəddəslik Ruhu*» Müqəddəs Ruha aid Yəhudi ifadəsinin Yunan dilinə tərcüməsidir. Paul Yunan dilində yazırdı, lakin buna baxmayaraq, o, İbrani dilində fikirləşirdi. Beləliklə, Paul «müqəddəslik Ruhu» desə də, məna belədir: "Müqəddəslik Ruhuna görə ölülər arasından dirilərək Allahın Oğlu olduğu qüdrətlə elan olundu".

Mən əvvəlki bölmələrdə göstərdim ki, müəyyən mənada, bu, Allahın satınalma prosesində kulminasiya nöqtəsidir: Allah Özü Müqəddəs Ruhun Şəxsində bizim fiziki bədənimizdə yaşamalı və onu Öz məbədi və ya Onun yaşayış yeri etməlidir. Romalılara 8:10-11-də Paul deyir:

> [10] *Əgər Məsih sizdədirsə, bədəniniz günah səbəbindən ölü, ruhunuzsa salehlik səbəbindən diridir.* [11] *Əgər İsanı ölülər arasından Dirildənin Ruhu sizdə yaşayırsa,*

Məsihi ölülər arasından Dirildən, sizdə yaşayan Ruhu ilə sizin də fani bədənlərinizə həyat verəcək.

Onuncu ayənin mənası belədir: Məsih daxil olanda biz Allaha tərəf dönürük və yenilənirik, köhnə həyatımız bitir, yeni həyat başlayır. Köhnə, cismani həyat bitdi; ruhumuz Allahın həyatı ilə canlanır. Sonra, on birinci ayədə Paul davam edərək bunun bizim fiziki bədənimiz mənasını çox aydın izah edir: İsanın bədənini dirildən eyni Şəxs indi hər bir tabe olan imanlının bədənində yaşayır; İsanın ölü bədəninə həyat verdiyi kimi, hər bir imanlının öləri bədəninə də həyat verir; İsanı ölümdən dirildən və Ona ölməz bədən verən gücü hər bir imanlıya verir.

Allahın həyatını bizim bədənimizə ötürmək prosesi bütün ölülərin dirilməsinə qədər davam edəcək. Bunu başa düşmək vacibdir ki, dirilmiş bədən bizdə hələ yoxdur; öləri bədənimizdə yalnız dirilmiş həyat var. Paul daha sonra müxtəlif ayələrdə davam edir: öləri bədənimizdə olan bu dirilmiş həyat bədənimizin bütün fiziki ehtiyaclarını Allah ruhumuzu bədənimizdən ayıraraq bizi evə çağırana qədər qarşılaya bilər.

Bədənimizin əvvəldə necə formalaşdığını başa düşməliyik, çünki bütün bunlar əlaqəlidir:

7 Rəbb Allah yerin torpağından insanı düzəltdi və onun burnuna həyat nəfəsi üfürdü. Beləcə insan canlı varlıq oldu. (Yaradılış 2:7)

İnsanın fiziki bədənini nədən yarandı? Allahın üfürdüyü Ruhu gildən düzəldilmiş fiquru canlı insan etdi və ona möcüzəli bədən verdi. Fiziki bədəni əvvəlcə Müqəddəs Ruh mövcudluğa gətirdi. Məntiqcə, bundan belə çıxır ki, fiziki bədəni saxlayan da O Özüdür. Bu, tam məntiqidir. Kaş məsihçilər bunu görə biləydi! Allahın şəfası və Allahdan gələn sağlamlıq Müqəddəs Kitabda məntiqidir. Məsələn, saatınız xarab olsa, siz onu çəkməçiyə deyil, saatsaza aparırsınız. İndi eyni düşüncəni bədəninizə də aid edin: əgər sizin bədəniniz xəstələnirsə, bədəninizi haraya aparırsınız? Mənim fikrimcə, siz onu yaradan Şəxsə – Müqəddəs Ruha aparmalısınız.

Birləşmiş Ştatlarda əksər avtomobillərin üzərində yazılıb: «İstehsalçı: Fişer». Mən məsihçi yoldaşıma baxanda öz-özümə deyirəm: «İstehsalçı: Müqəddəs Ruh». Müqəddəs Ruh ona bədən verdi; Müqəddəs Ruh onun bədənini qoruyub saxlayır; Müqəddəs Ruh onun bədəninə güc verir.

Paulun şəhadəti çox təsirlidir:

23 Onlar Məsihin xidmətçiləridirmi? Dəli kimi deyirəm ki, Onun daha böyük xidmətçisi mənəm, çünki zəhmətim daha çox olub, həbsə düşməyim daha çoxdur, döyülməyimin sayı-hesabı yoxdur, dəfələrlə ölümlə üz-üzə gəlmişəm. 24 Beş dəfə Yəhudilərdən otuz doqquz qırmanc yemişəm, 25 üç dəfə dəyənəklə döyülmüşəm, bir dəfə məni daşqalaq etdilər, üç dəfə gəmi qəzasına

*düşdüm və bir gün gecə-gündüz ucsuz-bucaqsız
dənizdə qaldım.* (2 Korinflilərə 11:23-25)

Bu, demək olar ki, ağlasığmazdır: bu qədər çətin-
liklərdən keçən adam yenə də fəal, yenə də sağlam və
yenə də cəsurdur. Paula bütün bunlara tab gətirməyə
güc verən kim idi? Müqəddəs Ruhun gücü idi. Paulun
Listrada daşqalaq edilməsi barədə belə yazılıb:

*[19] Antakya və Konyadan bəzi Yəhudilər gəlib xalqı öz
tərəfinə çəkərək Paulu daşqalaq etdilər. Elə bildilər ki,
Paul ölüb, onu şəhərdən kənara sürüdülər. [20] Şagirdlər
ətrafına yığılanda isə Paul ayağa qalxıb şəhərə qayıtdı.
Ertəsi gün isə Barnaba ilə birlikdə Derbeyə getdi.*
(Həvarilərin İşləri 14:19-20)

Görün bu necə adam idi! Bəzi adamlar Paulun çox
vaxt xəstə, əlil olduğunu hesab etdiklərini eşitmişəm.
Mənim cavabım budur: «Paul əlil olubsa, Allah bizə
Paul kimi çoxlu əlil versin!"

Həvari Paulun fiziki dözümü və qüvvəsi barədə
diqqətəlayiq təsvirlərə qısaca nəzər salmışıq. Biz indi
onun sirrini tapmağa çalışacağıq. O, özü bu barədə nə
deyir? 2 Korinflilərə 4:7-12-də Paul deyir:

*[7] Üstün qüvvənin bizdən yaranmadığı, Allaha aid olduğu
bilinsin deyə bu xəzinəni saxsı qablarda saxlayırıq.
[8] Hər tərəfdən əziyyət çəkirik, amma əzilmirik. Çaşqınlıq
içindəyik, lakin çarəsiz deyilik. [9] Təqib olunuruq, amma*

tərk edilmirik. Yıxıdılırıq, amma yox olmuruq. [10] *İsanın ölümünü bədənimizdə həmişə daşıyırıq ki, Onun həyatı bədənimizdə aydın görünsün.* [11] *Çünki İsanın həyatı fani cismimizdə aydın görünsün deyə biz yaşaya-yaşaya İsa üçün həmişə ölümə təslim edilirik.* [12] *Beləliklə, ölüm bizdə, həyat isə sizdə fəaliyyət göstərir.*

7-8-ci ayələrdən görürük ki, biz fərqli adamlar deyilik, ancaq bizdə olan gücün növü fərqlidir. Başqa adamları qıran çətinliklər bizi qırmır, çünki bizdə olan güc bizi möhkəm edir.

10-cu ayədə təzadlı fikir çox gözəldir. Biz də İsa ilə özümüzü ölü hesab etməliyik. Onda Onun həyatı bizim fiziki bədənimizdə göstərilir. Bu, çox aydındır ki, növbəti dövrdə deyil, bu dövrdə İsanın fövqəltəbii, daxildə yaşayan, dirilmiş həyatı bizim fiziki bədənimizdə açıq-aydın göstəriləcək.

11-ci ayənin sonuncu sözləri çox əhəmiyyətlidir: "... *İsanın həyatı fani cismimizdə aydın görünsün deyə*". Bu, sadəcə sirr və ya heç kəsin görə bilmədiyi daxili həyat deyil; bu, fiziki bədənimizdə hər kəsə bəlli olan nəticələri yaradan Müqəddəs Ruhun hüzurudur. İsanın dirilmə həyatı bizim öləri bədənimizdə göstərilir. 12-ci ayə deyir: özümüz üçün ölüm hökmünü qəbul edəndə, fiziki qüvvə və imkanlarımızın sonuna çatanda, bizim vasitəmizlə başqa adamlara yeni növ həyat xidmət edir.

[16] *Buna görə biz ümidimizi itirmirik. Zahirimiz get-*

gedə xarab olsa da, daxilimiz gündən-günə təzələnir.
(2 Korinflilərə 4:16)

Zahirimiz çürüyür, daxildə olan həyat isə günbəgün təzələnir. Allahın daxili, fövqəltəbii, möcüzəvi həyatı hər birimizin zahirinin qeydinə qalır.

9

İlahi məhəbbətin gəlişi

Müqəddəs Ruhun bizə təklif etdiyi bütün xeyir-duaların ən böyüyü ürəklərimizə verilən Allahın sevgisidir. Romalılara 5:1-5 deyir:

> ¹ *Beləliklə, imanla saleh sayıldığımız üçün Rəbbimiz İsa Məsih vasitəsilə Allahla barışmış oluruq.* ² *Elə Məsihin vasitəsilə də daxilində qaldığımız lütfə imanla nail olduq və Allahın izzətinə ümid bağlamağımızla fəxr edirik.* ³ *Yalnız bununla deyil, çəkdiyimiz əziyyətlərlə də fəxr edirik, çünki bilirik ki, əziyyətdən dözüm,* ⁴ *dözümdən Allaha xoş gəlmə, Allaha xoş gəlmədən ümid yaranır.* ⁵ *Ümidimiz də boşa çıxmır, çünki Allah məhəbbəti bizə verilən Müqəddəs Ruh vasitəsilə ürəklərimizə tökülüb.*

Kulminasiya nöqtəsi beşinci ayədədir: «Ümidimiz də boşa çıxmır, çünki Allah məhəbbəti bizə verilən Müqəddəs Ruh vasitəsilə ürəklərimizə tökülüb».

Paul bu beş ayədə ruhani tərəqqinin mərhələlərini qeyd edir. Çox qısaca bunlara nəzər salmaq istərdim.

Birinci mərhələ: bizim Allah ilə sülhümüz var.

İkinci mərhələ: biz imanla Allahın lütfünü əldə edirik.

Üçüncü mərhələ: biz Allahın gələcək izzətinə ümid edərək sevinirik.

Dördüncü mərhələ: biz həmçinin əzablarda sevinirik (əzabların nəticələri səbəbdən, əgər onlara düzgün münasibət göstərsək).

Sonra Paul əiyyəti düzgün keçirsək, onun üç nəticəsini sadalayır: birincisi, israr; ikincisi, xasiyyət; üçüncüsü, ümid.

Sonra biz kulminasiya nöqtəsinə gəlirik: Allahın məhəbbəti Müqəddəs Ruh vasitəsilə bizim ürəklərimizə tökülür. Burada "məhəbbət» üçün istifadə edilən Yunan sözü *"aqape"* Əhdi-Cədiddə adətən Allahın Öz məhəbbətinə aiddir. Müqəddəs Ruh olmasa, insan özü *aqape* məhəbbəti əldə edə bilməz. Bir çox hallarda, biz heç vaxt *aqape* məhəbbəti insanı təbiətimizdən verə bilmərik.

Sonra, beşinci fəsildə Paul *aqape* məhəbbətin təbiətini təsvir edir. O, bu məhəbbətin Allahda və Məsihdə necə göstərildiyini izah edir.

⁶ Biz hələ gücsüz ikən Məsih müəyyən zamanda allahsız adamların uğrunda öldü. ⁷ Saleh bir adam uğrunda kiminsə ölməsi çətin işdir; bəlkə də yaxşı bir adam uğrunda kimsə ölməyə cəsarət edər. ⁸ Lakin Allah bizə olan məhəbbətini bununla sübut edir ki, biz hələ günahkar ola-ola Məsih bizim uğrumuzda öldü.

(Romalılara 5:6-8)

Paulun yazdıqlarına uyğun olaraq, Məsih bizim uğrumuzda öləndə bizi təsvir edən üç söz var idi: *"gücsüz"*, *"allahsız"* və *"günahkarlar"*. Aqape – fədakar, heç bir tələb və şərt qoymayan məhəbbətdir. Bu, sizdən yaxşı olmağınızı, bunu və ya onu etməyinizi tələb edən məhəbbət deyil. Bu, hətta ən layiq olmayan və ən köməksiz adama səxavətlə verilir.

İndi biz Əhdi-Cədiddə aqape məhəbbətin bizə verilməsinin müxtəlif mərhələlərinə nəzər salacağıq. Birincisi, bu, yeni doğulmanın məhsuludur. 1 Peter 1:22-23-də oxuyuruq:

22 Həqiqətə itaət edərək ürəklərinizi saflaşdırıb riyasız qardaşlıq məhəbbətinə sahib oldunuz. Buna görə bir-birinizi var gücünüzlə səmimi qəlbdən sevin. 23 Çünki siz çürüyən toxumdan deyil, çürüməzdən, Allahın canlı, davamlı olan kəlamı vasitəsilə yenidən doğulmusunuz.

Aqape məhəbbətlə sevmək imkanı yenidən doğulandan sonra yaranır. Yenidən doğulma – bizdə yeni növ həyat yaradan Allahın Kəlamının əbədi, həqiqi toxumunun yenidən doğulmasıdır. *Aqape* bu yeni həyatın təbiətidir. 1 Yəhya 4:7-8 deyir:

7 Ey sevimlilər, bir-birimizi sevək, çünki məhəbbət Allahdandır. Sevən hər kəs də Allahdan doğulub və Alla-

hı tanıyır. [8] *Sevməyən kəs Allahı tanımır, çünki Allah məhəbbətdir.*

Görürsünüz ki, bu məhəbbət növü yeni doğulmanın əlamətidir. Yenidən doğulan şəxs buna malikdir; yenidən doğulmayan şəxs isə buna malik ola bilmir. Paul bizə İlahi məhəbbətin bizə ötürülməsi prosesinin növbəti mərhələsini təsvir edir:

[5] *Ümidimiz də boşa çıxmır, çünki Allah məhəbbəti bizə verilən Müqəddəs Ruh vasitəsilə ürəklərimizə tökülüb.*

(Romalılara 5:5)

Yenidən doğulandan sonra yeni doğulma nəticəsində yaranan bu yeni təbiətdə, Müqəddəs Ruh bizim ürəklərimizə Allahın məhəbbətini bütöv tökür. Biz məhəbbətlə doluruq. Allahın bütöv məhəbbətinin tükənməz mənbəyi bizə açılır; bu məhəbbət Müqəddəs Ruh vasitəsilə ürəklərimizə tökülür. Mən vurğulamaq istəyirəm ki, bu yalnız Müqəddəs Ruhun edə bildiyi Allahdan gələn, tükənməz və fövqəltəbii bir şeydir.

İsanın Yəhya 7:37-39-da dedikləri ilə bunu müqayisə edin:

[37] *Bayramın sonuncu, təntənəli günündə İsa qalxıb nida edərək dedi: «Kim susayıbsa, yanıma gəlib içsin.* [38] *Müqəddəs Yazılarda deyildiyi kimi, Mənə iman edənin daxilindən həyat suyu axan çaylar çıxacaq».* [39] *Bunu Ona iman edənlərin alacaqları Ruh barədə söylədi. Ruh*

isə hələ verilməmişdi, çünki İsa hələ izzətlənməmişdi.

Siz burada təzadı görə bilərsiniz. Birincisi, biz özünü kifayət qədər su ilə təmin edə bilməyən susuz adam barədə oxuyuruq. Ancaq Müqəddəs Ruh daxil olandan sonra bu susuz adam canlı suyun axınlarına çevrilir. Bu, ürəklərimizə tökülən Allahın məhəbbətidir. Bu, insan məhəbbəti deyil; bu, İlahi məhəbbətin bir hissəsi deyil.

Bu, Allahın bütöv məhəbbətidir və biz bu məhəbbətlə doluruq. Allahın bütöv, sonsuz, tükənməyən məhəbbəti Müqəddəs Ruh vasitəsilə bizim həyatımızdan axıb keçir. Susuz adam canlı suyun axınlarına çevrilir. İndi biz 1 Korinflilərə Məktubda Paulun yazdığı məşhur məhəbbət fəslinə baxacağıq. 12-ci fəslin sonunda o deyir: *"İndi isə sizə bundan da əla yol göstərəcəyəm"*. Bu "əla yol" 13-cü fəslin əvvəlində açıqlanır:

[1] *Əgər mən insan və mələk dilləri ilə danışıramsa, lakin məhəbbətim yoxdursa, cingildəyən mis və ya danqıldayan sincəm.* [2] *Əgər peyğəmbərlik ənamım varsa, bütün sirləri və hər cür biliyi dərk edirəmsə, dağları yerindən tərpədəcək dərəcədə tam imanım varsa, amma məhəbbətim yoxdursu, mən bir heçəm.* [3] *Əgər bütün var-dövlətimi paylayıb yoxsulları doyduraramsa və bədənimi oda təslim edərəmsə, lakin məhəbbətim yoxdursa, bunun mənə heç bir xeyri yoxdur.*

(1 Korinflilərə 13:1-3)

Bunu başa düşmək vacibdir ki, Müqəddəs Ruhun bütün ənamları və təzahürləri İlahi məhəbbətin axını və ya aləti olmaq üçün verilir. Əgər biz bu ənamları istifadə etmir və onları Allahın məhəbbətinə həsr etmiriksə, Allahı məyus edirik. Bizim bütün başqa ənamlarımız ola bilər, ancaq bu halda biz cingildəyən mis, ya danqıldayan sinc oluruq. Biz heç nəyik və Allahın məhəbbəti olmasa, biz heç nəyə malik deyilik.

Paul birinci ayədə deyir: «*Əgər mən insan və mələk dilləri ilə danışıramsa, lakin məhəbbətim yoxdursa, cingildəyən mis və ya danqıldayan sincəm*». Müqəddəs Ruh yalnız inam ilə təmizlənmiş və Allaha tərəf dönmüş ürəyə daxil olur. Ola bilsin, sonra insan soyuyar, Allahın məqsədlərindən yayınar, Allahın bizə verdiklərindən səhv istifadə edər. Bu halda Paulun dediyi baş verir: insan «*cingildəyən mis və ya danqıldayan sinc*» olur. Məna budur: "Mən əvvəlcə bunu alanda belə deyildim, ancaq məqsəddən yayındığıma görə mən belə oldum və mən Allahı məyus etdim».

Paul 1 Timoteyə 1:5-6-da yazdığı ilə bunu müqayisə edin:

⁵ *Bu əmrin məqsədi pak ürəkdən, təmiz vicdandan və riyasız imandan gələn məhəbbətdir.* ⁶ *Bəzi adamlar isə bunlardan azaraq boşboğazlığa qapıldılar.*

Məsihçi xidmətinin məqsədi *məhəbbətdir*. Məsihçi üçün Allahın məqsədi İlahi məhəbbəti daim göstərməkdir. Allahın məhəbbətinin bizə ötürülməsi prosesinin üç mərhələsini yekunlaşdıracağam: Birinci mərhələ yenidən doğulmadır. Biz yenidən doğulanda, belə məhəbbətlə sevməyə qadir oluruq.

İkincisi, bizə verilən Müqəddəs Ruh vasitəsilə Allahın bütöv məhəbbətinin bizim ürəklərimizə axıb tökülməsidir. Allahın tükənməz imkanları bizə verilir.

Üçüncüsü, o məhəbbətin ifadəsi intizam və xasiyyətin formalaşması vasitəsilə gündəlik həyatımızda işlənib hazırlanır. Sonra Allahdan gələn məhəbbət bizim vasitəmizlə ətrafdakı adamlara verilir.

İlk dəfə mən Niaqara şəlaləsini görəndə suyun bu nəhəng miqdarını Allahın tökülən məhəbbətinə bənzətdim. Sonra isə öz-özümə fikirləşdim: «Hər halda, bu məhəbbətin əsl məqsədi axıb tökülmədə deyil. Yalnız bu qüvvə Şimali Amerika qitəsinin əsas şəhərlərinin çoxunun sakinlərinə işığı, istiliyi və elektrik enerjisini gətirmək üçün istifadə ediləndə məqsədə nail olunur».

Bizimlə də belə olur. Biz yenidən doğulanda Allahın məhəbbətini qəbul edirik; bu məhəbbət bizim daxilimizə Müqəddəs Ruh vasitəsilə tökülür; lakin bu məhəbbət yalnız intizam və təlim nəticəsində həyatımız vasitəsilə ətrafdakı adamlara çatdırıla bilər.

10

Ürəyimizi Müqəddəs Ruha necə aça bilərik

Ürəyimizi Müqəddəs Ruha açaraq Onu necə tam qəbul edə bilərik? Biz Müqəddəs Ruh vasitəsilə vəd edilmiş bütün xeyir-duaları necə ala bilərik? Müqəddəs Ruhu tam qəbul etmək üçün yerinə yetirməli olduğumuz bəzi şərtləri açıqlayan bir neçə ayələrə nəzər salacağıq. Allah bir neçə vacib şərti bizdən tələb edir.

Tövbə edin və vəftiz olun

Həvarilərin İşləri 2:37-38-də Peterin Əllinci Gündə söylədiyi vəzin sonu və adamların buna cavabı qeyd olunur:

37 Bu sözlər ona qulaq asanların ürəyinə ox kimi sancıldı. Onlar həm Peterdən, həm də o biri həvarilərdən soruşdular: «Qardaşlar, bəs biz nə edək?» 38 Peter onlara cavab verdi: «Tövbə edin, hamınız İsa Məsihin adı ilə vəftiz olun. Onda günahlarınız bağışlanacaq və bəxşiş olaraq Müqəddəs Ruhu alacaqsınız.

Burada vəd var: «*Müqəddəs Ruhu alacaqsınız*». Daha iki şərt də var: «*Tövbə edin, vəftiz olun*». *Tövbə etmək* bütün günahlardan və üsyandan səmimi olaraq dönmək, özümüzü tam Allaha və Onun tələblərinə həsr etməkdir. Vəftiz olmaq müəyyən ayin və ya mərasimdən keçməkdir. Bu ayin və ya mərasim vasitəsilə hər birimiz dünya qarşısında İsa Məsihin ölümündə, gömülməsində və dirilməsində şəxsən və açıqca iştirak edirik. Beləliklə, Müqəddəs Ruhu qəbul etmək üçün iki əsas tələb var: biz tövbə etməli və vəftiz olmalıyıq.

Allahdan diləyin

Luka 11:9-13-də İsa deyir:

9 Mən sizə bunu deyirəm: diləyin, sizə veriləcək, axtarın, tapacaqsınız, qapını döyün və sizə açılacaq. 10 Çünki hər diləyən alar, axtaran tapar, qapı döyənə açılar. 11 Aranızdan hansı ata oğlu ondan balıq diləsə, ona balıq yerinə ilan verər? 12 Yaxud yumurta diləsə, ona əqrəb verər? 13 Beləliklə, siz pis olduğunuz halda öz övladlarınıza yaxşı hədiyyələr verməyi bilirsinizsə, göydə olan Atanın Ondan diləyənlərə Müqəddəs Ruhu verəcəyi nə qədər yəqindir!»

Çox sadə və eyni zamanda çox vacib şərt budur. İsa deyir ki, əgər biz Müqəddəs Ruhu Ondan diləsək Ata Öz övladlarına Müqəddəs Ruhu verəcək. Məsihçilərin belə söylədiklərini eşitmişəm: «Mən Müqəddəs Ruhu diləməyə ehtiyac duymuram». Sizə deməliyəm ki, bu,

Müqəddəs Kitaba ziddir. İsa Öz şagirdləri ilə danışırdı və O dedi: «Ata *Ondan diləyənlərə* Müqəddəs Ruhu verəcək». Başqa yerdə İsa deyir ki, Atanın yanına gedəcək və Öz şagirdlərinə Müqəddəs Ruhu göndərməyi Atadan xahiş edəcək. Əgər İsa Atadan Müqəddəs Ruhu xahiş edirdisə, biz də xahiş etsək, heç bir zərər görmərik. Beləliklə, üçüncü şərt budur: *diləyin*.

Susayın

Yəhya 7:37-39-da daha üç sadə şərt qeyd olunur:

[37] *Bayramın sonuncu, təntənəli günündə İsa qalxıb nida edərək dedi: «Kim susayıbsa, yanıma gəlib içsin.* [38] *Müqəddəs Yazılarda deyildiyi kimi, Mənə iman edənin daxilindən həyat suyu axan çaylar çıxacaq».* [39] *Bunu Ona iman edənlərin alacaqları Ruh barədə söylədi. Ruh isə hələ verilməmişdi, çünki İsa hələ izzətlənməmişdi.*

Müjdənin müəllifi çox aydın göstərir ki, İsa imanlıların Müqəddəs Ruhu alması haqqında danışırdı. Bunu yadda saxlayaraq, gəlin İsanın sözlərinə diqqət yetirək: «*Kim susayıbsa, yanıma gəlib içsin*». Bunlar üç sadə və çox təcrübi tələblərdir.

Birincisi, *biz susamalıyıq*. Allah Onun xeyir-dualarına ehtiyac duymayan adamlara məcburən xeyir-dua vermir. Bəzi adamlar Müqəddəs Ruhun bolluğunu heç vaxt qəbul etmirlər, çünki onlar əslində susamırlar. Əgər siz ehtiyac duyduğunuz hər şeyə malik olduğunuzu fikirləşirsinizsə, Allah daha sizi niyə narahat etsin? Çox ehtimal ki, sizdə olanlardan siz yaxşı istifadə etmirsiniz. Allah sizə daha çox versə, daha böyük mühakimə altında olacaqsınız.

Susuz olmaq mühüm şərtdir. Susuz olmaq sizdə olandan daha da çoxuna ehtiyac duymaq deməkdir. Faktiki olaraq, susama insan bədənində ən güclü arzulardan biridir. İnsan həqiqətən susuz olanda ona nə yemək, nə də başqa bir şey lazım olur. O, yalnız su istəyir. Mən Şimalı Afrikanın səhralarında üç il yaşamışam və susuz olmağın nə olduğunu yaxşı bilirəm. Adam susuz olanda sövdələşmir, danışmır və müzakirə etmir; o, sadəcə su olan yerə gedir. İsa da bunu deyir: siz susamalısınız.

İsaya gəlin

İsa dedi: «*Kim susayıbsa, yanıma gəlib içsin*». Beləliklə, ikinci şərt – *İsanın yanına gəlməkdir*. İsa Müqəddəs Ruh ilə vəftiz edir. Əgər sizə Müqəddəs Ruh ilə vəftiz gərəkdirsə, Müqəddəs Ruh ilə vəftiz edən Şəxsin yanına gəlməlisiniz. Heç bir insan Müqəddəs Ruh ilə vəftiz etmir, bunu yalnız İsa edir.

İçin

Sonra İsa dedi ki, siz *içməlisiniz*. Bu, o qədər sadədir ki, bəzi adamlar buna fikir vermirlər. İçmək iradənizin qərarı və fiziki cavab ilə nəyisə daxilə qəbul etməkdir.

Bu, həmçinin Müqəddəs Ruhu qəbul etməyin bir hissə-sidir. Susamaq, İsaya gəlmək və içmək – bunların hamı-sı zəruridir. Tamamilə passiv olmaq və «Yaxşı, əgər Al-lah bunu etmək istəyirsə, qoy etsin!» münasibəti içmək deyil. İçmək fəal olaraq daxilə qəbul etməkdir.

Tabe olmaq

Əvvəlki bölmələrdə nəzər saldığımız fiziki bədəni-mizə aid iki münasib faktını yenidən nəzərdən keçir-mək istəyirik. Birincisi, bədənimiz Müqəddəs Ruhun məbədi olmaq üçün Allah tərəfindən qabaqcadan təyin edilir. 1 Korinflilərə 6:19 deyir:

19 Məgər bilmirsiniz ki, bədəniniz Allahdan aldığınız, sizdə yaşayan Müqəddəs Ruhun məbədidir? Siz özü-nüzə məxsus deyilsiniz.

İkincisi, Allaha xidmət etmək üçün bədənimizin his-sələrini alətlər kimi təqdim etmək bizdən tələb olunur. Bu, bizim məsuliyyətimizdir. Romalılara 6:13:

13 Bədəninizin üzvlərini də haqsızlıq aləti olmaq üçün günaha təslim etməyin; əksinə, özünüzü ölülər arasın-dan dirilənlər kimi Allaha, bədəninizin üzvlərini də sa-lehlik aləti olmaq üçün yenə Allaha təslim edin.

Müqəddəs Kitaba uyğun olaraq, fiziki bədənimizin müxtəlif üzvlərini Allahın xidmətinə təklif etməyə, tabe etməyə və ya həsr etməyə görə məsuliyyət daşıyırıq.

Bədənimizin bir üzvü Allahın nəzarətinə xüsusilə ehtiyac duyur: dilimiz. Yaqub öz məktubunda çox sadə yazır:

> [8] *Dili heç bir insan əhliləşdirə bilmir. Dil qarşısıalınmaz bəladır və öldürücü zəhərlə doludur.*
>
> (Yaqub 3:8)

Bədənimizin üzvlərini idarə etmək üçün Allahdan köməyə ehtiyac duyuruq, dilimizi idarə etmək üçün isə Allahdan xüsusi köməyə ehtiyac duyuruq. Müqəddəs Ruh Öz bolluğunda daxil olanda, Onun ilk növbədə təsir göstərdiyi, Öz nəzarətinə götürdüyü və Allahın izzəti üçün istifadə etdiyi üzv dildir. Yoxlamaq istəsəniz görəcəksiz ki, Əhdi-Cədid hər dəfə Müqəddəs Ruh ilə dolan adamlar haqqında danışanda ilkin nəticə – onların ağızlarından çıxan bir tələffüzdür. Onlar danışır, peyğəmbərlik edir, şükür edir, nəğmə oxuyur, dillərdə danışır və həmişə dil bunu edir. İsanın yanına gəlib içsəniz, nəticədə, dolub daşacaqsınız və bu, sizin ağzınızdan gəlib töküləcək. Bu prinsipi İsa Matta 12:34-də çox aydın bəyan edir: «...*Çünki ürək doluluğundan ağız danışar*».

Ürəyiniz dolub daşanda, ağzınızdan sözlər gəlib töküləcək. Allah sizə bol vermək istəyir. Allah sizin dolub daşmağınızı istəyir. Yadda saxlayın ki, O demişdi: «...*daxilindən həyat suyu axan çaylar çıxacaq*».

Bu, Allahın son məqsədidir.

Allahın tələbləri

Müqəddəs Ruhun bolluğunu qəbul etmək üçün Müqəddəs Kitabda tapdığım yeddi şərt bunlardır:

1. Tövbə edin.
2. Vəftiz olun.
3. Allahdan diləyin.
4. Susayın.
5. İsaya gəlin; O, vəftiz edəndir.
6. İçin – daxilinizə qəbul edin.
7. Bədəninizi Müqəddəs Ruhun məbədi, üzvlərinizi isə salehlik alətləri kimi təqdim edin.

Bəlkə siz bütün bunları necə edə biləcəyiniz barədə fikirləşirsiniz. İzah etdiklərimi əks etdirən nümunə duasını verməklə sizə kömək etmək istəyirəm. Onu oxuyun və əgər bu dua ürəyinizcədirsə, Rəbbə ucadan dua edin.

Rəbb İsa, mən Müqəddəs Ruhun bolluğu üçün susuzam. Öz bədənimi məbəd kimi təqdim edirəm və öz üzvlərimi, xüsusilə də idarə edə bilmədiyim dilimi salehlik alətləri olaraq təqdim edirəm. Məni doldur; mən dua edirəm və Sənin Müqəddəs Ruhuna şükür və mədh çayları kimi dodaqlarımdan axmasına imkan verirəm. Amin.

Əgər siz səmimi olaraq bu duanı etdinizsə, Allah onu eşitdi və nəticələr yoldadır. Alacağınız bolluğu görüb olduqca təəccüblənəcəksiniz.

Müəllif haqqında

Derek Prins (1915-2003) Hindistanda britaniyalı ailədə doğuldu. O, İngiltərədə Eton Kollecində və Kembricin King's Kollecində yunan və latın dilləri üzrə təhsil alıb alim oldu; King's Kollecində Qədim və Müasir Fəlsəfə üzrə dərnəyə rəhbərlik edirdi. Prins Kembricdə və Yerusəlimdə İbrani Universitetində İbrani, Arami, həmçinin müasir dilləri öyrənib. Tələbə ikən o, filosof olub və özünü aqnostik elan edib.

II Dünya müharibəsi ərzində Britaniya Tibb Korporasiyalarında olarkən Prins fəlsəfi iş kimi Müqəddəs Kitabı oxumağa başladı. İsa Məsihlə möhtəşəm görüşü nəticəsində imana gəldi, bir neçə gün sonra Müqəddəs Ruhla vəftiz olundu. Bu görüşdən o, iki nəticə çıxartdı: İsa Məsih sağdır və Müqəddəs Kitab həqiqi, bizə aid müasir kitabdır. Bu nəticələr onun həyatının gedişini tam dəyişdi. O, sonrakı həyatını Allahın Kəlamı olan Müqəddəs Kitabı öyrənməyə və öyrətməyə həsr etdi.

1945-ci ildə Yerusəlimdə ordudan tərxis olunandan sonra o, oradakı uşaq evinin banisi olan Lidiya Kristenslə evləndi. Evlənən kimi o, Lidiyanın övladlığa götürdüyü altı Yəhudi, bir Fələstin ərəbi və bir ingilis uşaqlarının – səkkiz qızın atası oldu. Birlikdə ikən, ailə

1948-ci ildə İsrail dövlətinin bərpa olunmasına şahid oldular. 1950-ci illərin sonunda Prins Keniyada pedaqoji məktəbin rəhbəri vəzifəsində xidmət edərkən ailə daha bir qızı övladlığa götürdü.

1963-cü ildə Prins Birləşmiş Ştatlara köçdü və Sietlda bir kilsədə pastorluq etdi. 1973-cü ildə Prins "Amerika Vəsatətçiləri"nin banilərindən biri oldu. Onun *"Dua və oruc vasitəsilə tarixi dəyişmək"* kitabı bütün dünya məsihçilərini öz hökumətləri üçün dua etmək məsuliyyətinə oyatmışdır. Bir çoxları bu kitabın gizli tərcümələrini SSRİ-də, Şərqi Almaniyada və Çexoslovakiyada kommunist rejimini dağıdan alət hesab edir.

Lidiya Prins 1975-ci ildə vəfat etdi, 1978-ci ildə Prins üç uşağı övladlığa götürmüş tənha ana Ruz Beykerlə evləndi. Birinci həyat yoldaşı kimi, ikinci həyat yoldaşı ilə də o, Yerusəlimdə Rəbbə xidmət edərkən görüşdü. Ruz 1981-ci ildən yaşadıqları Yerusəlim şəhərində 1998-ci ilin dekabr ayında vəfat etdi.

2003-cü ildə səksən səkkiz yaşında vəfat etməzdən bir neçə il əvvəl Prins Allahın ona etibar etdiyi xidməti inadla davam edərək dünyaya səyahət etdi, Allahın açıqladığı həqiqətlərlə bölüşdü, xəstə və əzab çəkənlər üçün dua etdi, Müqəddəs Kitaba əsaslanan peyğəmbərliklərlə dünyada baş verən hadisələrlə bölüşdü. Beynəlxalq səviyyədə Müqəddəs Kitab alimi, ruhani patriarx kimi tanınan Derek altmış ildən çox altı qitəni əhatə edən təlim xidmətini qurdu. O, əllidən çox kitabın, altı yüz audio dərsliyin və yüz video dərsliyin müəllifidir; bunların çoxu yüzdən çox dilə tərcümə olunaraq nəşr edilmişdir. O, nəsilliklə lənət, Müqəddəs Kitabda İsrailin əhəmiyyəti və demonologiya kimi belə innovasiya mövzularının tədrisində aparıcılıq edib.

1979-cu ildə başlamış Prinsin radio verilişi təxminən iyirmi dilə tərcümə edilmişdir və həyatlara toxunmağa davam edir. Aydın və sadə yolla Müqəddəs Kitabı və onun təlimlərini izah etməkdən ibarət olan Derekin əsas ənamı milyonlarla insanlara iman təməlini qurmağa kömək etmişdir. Məzhəb və təriqətdən üstün olan yanaşması onun təlimini bütün irq və dindən olan adamlar üçün həm münasib, həm də faydalı etmişdir; yer kürəsi əhalisinin yarısından çoxu onun təlimi ilə tanışdır.

O, 2002-ci ildə dedi: «Arzu edirəm və əminəm, Rəbb də bunu arzu edir, bu Xidmət, Allahın altmış il əvvəl mənim vasitəmlə başladığı iş İsanın qayıdacağı günə qədər davam etsin».

Derek Prins Xidməti əsasən Avstraliya, Kanada, Çin, Fransa, Almaniya, Niderland, Yeni Zelandiya, Norveç, Rusiya, Cənubi Afrika, İsveçrə, Birləşmiş Padşahlıq və Birləşmiş Ştatlar kimi ölkələrdə və ümumiyyətlə, dünyada fəaliyyət göstərən qırx beşdən çox Derek Prins ofisi vasitəsilə Prinsin təlimlərini yaymağa, missionerləri, imanlı cəmiyyət liderlərini və cəmiyyətləri öyrətməyə davam edir. Bu və beynəlxalq ofislər barədə məlumatı www.derekprince.com saytında əldə edə bilərsiniz.